Em busca da nossa melhor versão

Luisa Peleja

Em busca da nossa melhor versão

Sobre mim, sobre nós

EDITORA
Labrador

Copyright © 2019 de Luísa Peleja
Todos os direitos desta edição reservados à Editora Labrador.

Coordenação editorial
Patricia Quero

Projeto gráfico e diagramação
Felipe Rosa

Revisão
Luisa Freitas
Laila Guilherme

Capa e lettering
Bruna Zanella

Dados Internacionais de Catalogação na Publicação (CIP)
Jéssica de Oliveira Molinari - CRB-8/9852

Peleja, Luísa
  Em busca da nossa melhor versão : sobre mim, sobre nós / Luísa Peleja. – 2. ed. - São Paulo : Labrador, 2022.
  176 p.

ISBN 978-65-5625-261-2

1. Crônicas brasileiras I. Título.

22-3423 CDD B869.8

Índice para catálogo sistemático:
1. Crônicas brasileiras

Editora Labrador
Diretor editorial: Daniel Pinsky
Rua Dr. José Elias, 520 – Alto da Lapa
05083-030 – São Paulo – SP
+55 (11) 3641-7446
contato@editoralabrador.com.br
www.editoralabrador.com.br

A reprodução de qualquer parte desta obra é ilegal e configura uma apropriação indevida dos direitos intelectuais e patrimoniais da autora.

A editora não é responsável pelo conteúdo deste livro.
A autora conhece os fatos narrados, pelos quais é responsável, assim como se responsabiliza pelos juízos emitidos.

Ao meu Tio Zé. Sinto que eu estou exatamente no lugar onde ele imaginou que eu deveria estar.

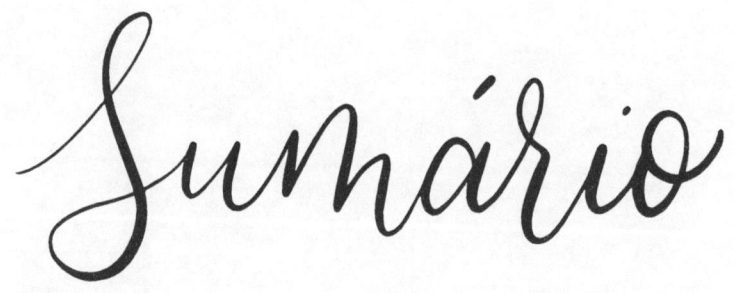

Apresentação 9

Crônicas 13
   Mais um ciclo 14
   Você não é tão exclusivo assim 16
   Eterna apaixonada 18
   Defeitos 20
   Tem que querer 22
   Vou me mudar 25
   Foliona 27
   Cada um no seu tempo 29
   Há pouco tempo 31
   Peito pequeno 33
   Tudo novo de novo 35
   Quando chorei de saudade 37
   A prece mais bonita 39
   O filtro mais importante é o que usamos
   na vida real 41
   Você é feliz? 46

Sobre gerar uma vida 48
Reconnecting 50
Maneira de amar 52
Caos 55
Gente que... 57
Amo até os seus defeitos 59
Elogio quebra barreiras 61
Ler 63
Expectativas 65
Alma leve 67
Zona feliz 69
Seja interessante 71
Sobre términos 73
Temos o hoje 75
Por você..................................77
Desapego 79
Embrace 81
A fé move montanhas 83
A conta dos dez 85
Meu primeiro contato com a morte 87
Bê-á-bá da autoestima 92
Mantras 96
Antes só do que mal acompanhada 98
"Para ser grande, sê inteiro" 101
Chega de promessas 104
Me teletransporta 106
Fique nu 108
Me tornei a pessoa que eu mais temia 112
Princesa da Disney 114
Dance 116
A razão do *love love love* 118

Chega de assédio 120
Dona Valderez 122
Batom vermelho 124
Camaleoa 126
Trilha sonora 128
"Beto TripAdvisor" 130
Eu capilar 132
O dia em que o nugget foi meu aliado 136
O simples é grandioso 139
Amor de irmão 141
Amor pra mim é misto quente 143
Primeira vez 145
Quando você for mãe 147
Verdade sobre o amor 149

Cartas 153
Pra lembrar pra sempre 154
Estar perto não é físico 162
Resoluções 165
Pra Sofia ler 167
Aos meus pais 169
Meu presente em forma de carta 171

Apresentação

Quando mais nova, ainda na escola, não me lembro de nenhuma profissão que eu desejasse muito seguir. Nas brincadeiras já fui professora, médica, policial, jornalista, advogada, aeromoça e veterinária, mas, tenho certeza, nunca fui matemática ou contadora. Já brinquei de ser caixa de supermercado, no máximo. Pelos números, nunca me apaixonei. Já pelas letras... Fest Livro era o meu evento favorito do ano na escola durante a alfabetização. Cada turma criava uma editora e cada aluno, um livro. Era o máximo. Escrever cartas, e-mails e registrar tudo *"a mano"* sempre foi a minha.

O destino me levou para o texto falado e escrito. Me formei jornalista, atuei um pouco na área, atravessei o marketing e vivi várias experiências maravilhosas que me trouxeram até aqui. Até um ano e meio atrás, nunca havia passado pela minha cabeça acrescentar ao currículo o status de escritora ou cronista, mas a vontade veio com tanta força que me lancei o desafio e resolvi arriscar. O sonho de escrever um livro não nasceu comigo, foi despertado em mim. Deixa eu contar.

Tudo começou com a minha paixão pela leitura e pelo gênero crônica. A tara pelos textos de Martha Medeiros me levou a experimentar novos autores. A partir daí, cheguei aos livros de Tati Bernardi, Antônio Prata, Rubem Braga, Fabricio Carpinejar, Ruth Manus e companhia. Em algum momento da minha vida o texto deles se fez presente. Me senti abraçada, traduzida, inspirada, questionada. Os livros me fizeram companhia em viagens, cabeceiras, esperas, dias no sol, dias cinzas e em momentos tão meus. Compartilhei trechos, chorei, ri, parei para pensar sobre assuntos que nunca havia lido, procurei no Google referências e palavras que me eram estranhas, viajei junto, os conheci.

Por meio de seus textos, todos os autores que li me inspiraram e deixaram um pouquinho deles em mim. Essa troca que a leitura traz é o que me enche os olhos. Timidamente, comecei a registrar pensamentos e guardá-los somente pra mim. Pequenos monólogos. No fundo, o meu desejo era que, em algum momento, alguém lesse os meus relatos e eu conseguisse despertar nos outros tudo aquilo que um dia os autores que passaram pela minha vida despertaram em mim, mas não achava que seria capaz. A verdade é que nunca achamos.

Aos poucos, trouxe os meus textos em pautas nas conversas entre amigas e com a minha mãe. Li trechos que serviram de conselhos e inseri um ou outro pedacinho em legendas do Instagram. Até que me cansei de despir-me em doses homeopáticas e resolvi criar uma página voltada para eles com todos os pensamentos e experiências escancaradas para quem quisesse ouvir (ou ler, no caso). E muitos quiseram, muitos leram, muitos responderam e compartilharam. Muitos de vocês me devolveram o que eu mais queria ouvir: "Obrigada por isso!", "penso exatamente assim", "você não sabe como me ajudou", "eu estava precisando ler isso", "nunca tinha pensado por esse lado", "você me inspira", "melhorou meu dia", e por aí vai. Dei a mão para milhares de pessoas sem sair de casa. Mágico. Cada nova mensagem e relato era uma sementinha que ia sendo semeada dentro de mim. E floresceu. Floresceu um sonho de alcançar mais pessoas, de ser uma boa companhia, servir de abraço, incentivo ou, simplesmente, de diversão na hora de toda e qualquer luta (#sovencequempeleja), na busca pelo autoconhecimento e pela melhor versão que podemos ser.

Antes de mergulhar nas páginas, eu gostaria de agradecer. Agradecer a você, amigo, família, seguidor e leitor, por me fortalecer e me lembrar que todo sonho é possível.

Tudo que foi posto nestas linhas não foi pensado, e sim vivido e sentido com muito amor em um processo de autoconhecimento e entendimento que não tem fim. Por isso, não leia! Sinta cada crônica comigo. Me conheça, se conheça. Dobre o livro, rabisque, grife. Mais legal do que ler é viver cada página. E esse é só o começo.

Vem comigo.

love, Lu

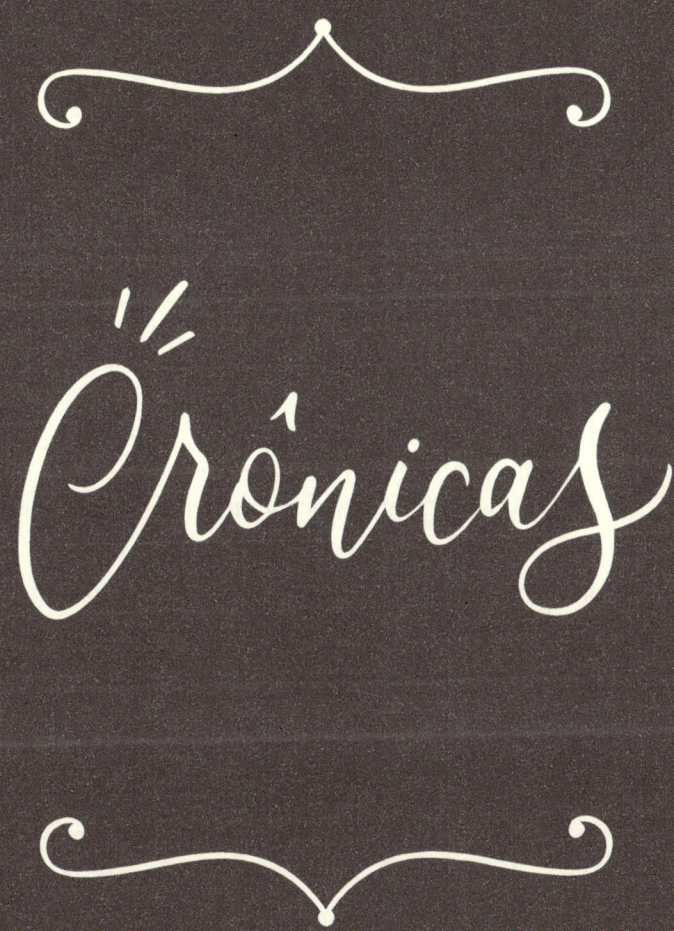

Mais um ciclo

Já mencionei uma vez a esquisitice que é escrever. Nas horas mais improváveis, começo a pensar na vida, em certos assuntos, e a vontade de escrever vem com tudo. Mas "essas horas" geralmente acontecem quando estou com a mão no volante dirigindo, na academia malhando enquanto escuto uma música que me faz pensar em outra coisa, durante uma conversa entre amigas, em um momento de admiração. Ou, como agora, durante a minha festa de aniversário, rodeada de pessoas queridas, lendo cartões, homenagens, recebendo doações e com uma felicidade que não cabe dentro do peito e muito menos em 1,57 m de altura. Foi o caso. Preciso externar.

    A vida é feita de ciclos. No dicionário, "CICLO" é definido por: 1. Espaço de tempo durante o qual ocorre e se completa, com regularidade, um fenômeno ou um fato, ou uma sequência de fenômenos ou fatos, "c. astronômico"; 2. Série de fenômenos, fatos ou ações de caráter periódico que partem de um ponto inicial e terminam com a recorrência deste, "o c. das estações".

Os ciclos podem durar anos, meses, dias, horas... Depende da situação, mas eu encaro toda virada de ano como um novo ciclo. O meu aniversário é o termino e início de um muito importante. Durante ele, acontecem uma série de fatos e fenômenos que são diretamente responsáveis pela pessoa em que me transformo todos os dias. O desafio é saber enxergá-los, reconhecê-los e encerrá-los, pois também faz parte do processo. Na teoria é mais fácil, na prática a gente pena, mas o resultado de afirmar isso é a melhor parte.

No meu último grande ciclo, conheci alguns limites e enxerguei aqueles que eu desejo ultrapassar. Me vi de frente com uma nova Luísa, passei a me olhar mais de dentro para fora. Com 25 anos descobri o meu propósito, a mensagem que quero deixar aqui, e isso me abriu os olhos para dizer sim (e vários nãos). Estar mais convicta do que quero e não quero para a minha vida é libertador.

Com 25 ri, chorei, viajei, fiz novas amizades, fortaleci as antigas, trabalhei muito e aprendi com tudo e todos à minha volta. Menos excesso, mais essência. Menos peso, mais amor. Mais sonhos e mais ações. Virei o ano da melhor forma possível e posso dizer: pode vir, novo ano — e ciclo —, estou pronta pra você.

love love love, Lu

Você não é tão exclusivo assim

Todo mundo nasce. Cresce. Morre. Sofre. Sorri. Aprende. Erra. Tem medo. Tem coragem. Tem agonia. Mistérios. Todo mundo esconde alguns segredos. Revela outros. Gargalha. Abraça. Beija. Agarra. Esquece. Lembra. Desconversa. Olha nos olhos. Desvia o olhar. Transborda. Mergulha. Afunda. Ressurge. Recria. Reinventa. Inventa. Modela. Desfaz. Enfrenta uma guerra (interna ou externa). Reclama. Ajuda. Dá a mão. Muda. Relembra. Levanta. Levita. Evita. Medita. Caminha. Tem pressa. Dificulta. Facilita. Silencia. Adoece. Cuida. Perde. Ganha. Provoca. Derrama lágrimas. Engole outras. Come. Mastiga. Instiga. Dança. Se move. Deita. Sonha. Realiza. Escreve. Rabisca. Canta. Sussurra. Lê. Desenha. Se expressa. Exige. Demanda. Trabalha. Atrapalha. Se veste. Se despe. Fica nu. Se contraria. Se agrada. Se arrepende. Apaga. Reescreve. Ouve. Fala. Grita. Repensa. Esnoba. Ama. Se apaixona. Se entrega. Não nega. Sente.

    Tudo que tem alma e energia, vive. Você não é tão exclusivo assim.

love love love, Lu

Eterna apaixonada

Estar apaixonada é um estado de admiração. Quando estamos e somos apaixonadas pela vida, pelo trabalho, por nós mesmas ou por uma outra pessoa, passamos a enxergar a vida de forma mais leve. O lado bom das coisas sempre aparece primeiro, sabe como é?

Então, se eu pudesse dar uma dica (nunca dou uma que não aplico na minha vida), diria: **apaixone-se**.

Acredito, do fundo do meu coração, que uma pessoa para ser feliz precisa estar/ser apaixonada. O erro é de quem leu essa frase e imaginou logo em "estar acompanhada", namorando ou casada. Também é importante, mas se fosse para colocar em uma escala de prioridades, ah, pra ser feliz é preciso se apaixonar por muito mais.

É impossível apaixonar-se por algo que não se admira. Então, para se apaixonar por si mesmo, acorde todos os dias para orgulhar-se e admirar suas atitudes (por menores que elas sejam). Para se apaixonar pelo trabalho, dê o seu melhor, faça o que ama, trate o próximo com carinho e coloque-se no lugar dele também. Para se apaixonar pela vida, enxergue as inúmeras bênçãos que te cercam todos os dias e, para cada coisa ruim, enumere dez boas. As ruins se tornarão pequenininhas. Estar e se manter apaixonada nesses aspectos da vida trazem uma leveza enorme. Qualquer dor fica mais amena, qualquer problema se torna um desafio, e se apaixonar por outra pessoa passa a ser a cereja do bolo, e não uma condição para a felicidade. Ser uma pessoa apaixonada não depende de estado civil, só de você.

Sozinha ou acompanhada, sim, que sejamos eternas apaixonadas.

love love love, Lu

Defeitos

17h31, mesa do trabalho. *Work done.* Tenho alguns minutinhos para escrever. Sobre o quê? Meus defeitos.

Semana passada, perguntei para as pessoas mais próximas quais são uma qualidade e um defeito que se destacam em mim. Os defeitos estão diretamente ligados ao tipo de relação que mantenho com cada pessoa. Foi interessantíssimo ouvir e ler várias coisas em comum, mas o mais legal de tudo foi saber reconhecê-las.

Vamos a alguns itens da lista: muito atolada, come rápido demais (alô, mãe!), independente demais, teimosa, pavio curto, vaidosa, não desconecta, ansiosa, inquieta, apressada, dispersa, "dificuldade em marcar alguma coisa com você". Resumo: preciso desacelerar. Preciso focar e não querer abraçar o mundo e a todos, para que eu consiga abraçar direito as minhas escolhas e as relações mais próximas. Eu reconheço isso. Reconheci há meses, depois de anos intensos e maravilhosos de agito e descobertas (essas continuam, sempre). Prova disso é que na minha *to do list* do próximo ano está "iniciar a prática de meditação". Já faz um tempo que venho fazendo escolhas que me mantêm mais focada. Posso me orgulhar.

É ok dizer "não". É ok ficar sem celular. É ok tirar cinco dias para sumir. É ok respirar. Tenho trabalhado nisso. Mas não interpretem isso como falta de paz interna. Meu mundo está em paz, coração e mente. A diferença é que, dentro de mim, esses sentimentos de paz e serenidade são combustíveis que me fazem querer mais e mais.

Faz parte da minha natureza. Como despluga? Em suma, posso dizer que tenho olhado mais para dentro e me avaliado mais. Os defeitos sempre vão existir. Esses e vários outros. O importante é reconhecer que cada defeito pode ser trabalhado com o intuito de torná-los mais leves. Afinal, ninguém é obrigado a conviver com o pior de você.

Agora, se você me perguntar qual o meu pior defeito... Exigente demais.

love love love, Lu

Tem que querer

Chego da academia, como dois ovos com cottage e sinto vontade de comer uma banana com canela. Isso pareceria completamente normal para qualquer outra pessoa, mas, para mim, não. Por 27 anos eu rejeitei a fruta que hoje eu senti vontade de comer. Não sei vocês, mas, a cada ano, tenho vontades, desejos e predileções novos. Alguns não mudam, claro, mas é delicioso acrescentar algo. Nem precisa ser uma coisa ou comida, de fato. Falo também de hábitos.

Comendo minha banana com granola, canela e mel (está aí outra coisa que pouco gostava), fiquei pensando em como ser humano é bicho chato e teimoso. Se eu tivesse escutado os meus pais ou experimentado uma coisa ou outra, teria evitado chateações e antecipado certos prazeres. Um bom exemplo é o fato de que não entendia o motivo de ter que voltar às 2h da manhã das festinhas quando elas, na verdade, estavam só começando. Até os meus 20 anos era mais ou menos assim. Hoje eu entendo o cuidado e a preocupação que os meus pais tinham comigo. Eles tinham razão.

Outro exemplo clássico é o fato de que, quando criança, ouvir a homilia do padre ou uma palestra no centro espírita parecia um fardo. Logo quando começava, já iniciava a sessão bocejo. Hoje eu quero e faço questão de ouvir. O que antes não fazia sentido algum, hoje faz.

Não tem jeito. Tem coisa que só a maturidade ou os "anos" trazem e ensinam. Para tudo na vida precisamos **querer**. Querer enxergar, gostar, fazer, mudar, e aí a coisa acontece. Por vontade alheia e imposição, nós até fazemos, mas o resultado não é o mesmo. Precisamos estar abertos para agir de forma espontânea, com o coração, e não com sentimentos de obrigação.

Comida japonesa é outro exemplo maravilhoso na vida da grande maioria. Na minha, comida crua não descia por nada, mas achava **tão** lindo as outras pessoas comendo com os palitinhos que sempre quis fazer parte do time. Ouvi tanto a frase "é questão de costume" que me esforcei. Alguns anos depois, entrou na minha lista de predileções. Eu desejei e consegui.

Divido as minhas experiências para inspirar vocês, que dizem **não gosto, não quero, odeio**, sem antes mesmo provar. De peito aberto, senão nem adianta. Isso vale também para pessoas. Tenha interesse, conheça e, aí sim, tire suas conclusões. Tenho aprendido com os meus próprios "erros". Toda vez que vou repelir alguma coisa sem ter me jogado de peito aberto, mudo o discurso e falo "Vamos ver qual é". Posso dizer? Cada dia que passa amo mais as descobertas.

Lembrando que cada um tem um timing e você deve respeitá-lo, mas, se quiser, vem comigo que eu estou me esforçando daqui.

love love love,
Lu

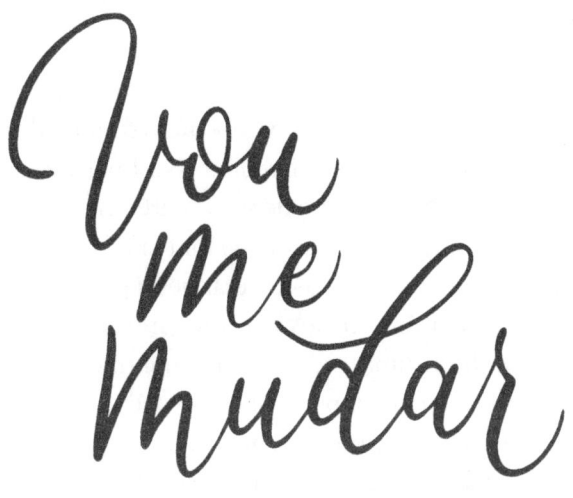

Vou me mudar

Vou me mudar. Sem data para voltar. Vários planos. Muitas vontades. Nova rotina. De uma casa com dez pessoas para outra com uma só. O começo dessa saga tem início com a pergunta que me faço todos os dias desde que entrei na contagem regressiva rumo ao novo lar. O que eu preciso levar?

De roupas, acessórios, banheiro, decoração, aconchego, o que é essencial para eu me sentir em casa, segura e independente onde quer que eu esteja? Ora me pego pensando nos meus seis travesseiros, ora nos livros que já li mas sigo guardando na estante, nas minhas três imensas caixas de recordações. Penso nos meus quatro armários, nas fotos, na minha coleção de canecas, minha gaveta de remédios ou nos meus mil cabos, adaptadores e fios que guardo também (vai que um dia eu preciso? Olha que loucura).

Quando eu entro nesse parafuso, que me deixa em um grau de ansiedade em que não consigo arrumar nada, paro, respiro, penso e repito: eu não preciso nem da metade disso. É verdade, mas custamos a acreditar. No final das contas, ainda não arrumei nada além de separar três malas enormes para um bazar que, até o dia em que for realizar a mudança, seguirão cada vez mais cheias. Apesar dessa pressa de deixar tudo pronto para relaxar nos dias que antecedem a data, acredito que vou arrumar tudo em um empurrão, a jato, para, de fato, levar só o que eu preciso: quase nada.

Pensamos demais e nos apegamos a coisas sem as quais, no fundo, **achamos** que não conseguimos viver. Escrevo este texto para que, quando o desespero pelas coisas que eu deixar em Brasília bater, eu me lembre do essencial. Ficar sem uma roupa ou outra não mata, decoração a gente troca, casa a gente muda, documentos mandamos por correio, e assim seguimos. O que realmente não pode faltar é a sensação de lar construída internamente. Aconchego, certeza, pertencimento. Saber de onde vim, quem carrego no peito, aonde quero chegar e se estou feliz diante das minhas escolhas. Esse é o verdadeiro *kit* de sobrevivência, que vem com o seguinte recado: "Deixa a vida levar".

Mas não se enganem, essa pessoa que vos escreve ainda vai olhar muito para o armário nos próximos quinze dias, quebrar a cabeça e reler este texto. Afinal, amo viajar, mas já mencionei que fazer a mala é uma missão difícil. Imagina fazer uma – várias – sem data pra voltar. Talvez devesse começar pelos documentos.

Já parou para pensar o que não poderia faltar na sua?

love love love,
Lu

Foliona

Todo Carnaval tem seu fim. Que bom. Viver tamanha intensidade o ano inteiro não faria bem pra ninguém, você vai dizer. É claro que cada um faz o seu feriado, sua folia. Alguns preferem um retiro, calmaria, colocar a leitura e a "alma" em dia. Mas que o Carnaval nos instiga a farra e a festa, ninguém pode negar. O contato quase diário com tantos catalisadores de emoções é praticamente mexer com fogo. Tudo fica à flor da pele. Pessoas famintas por "sentir" e viver o momento. Uns vão pra festa para fugir de si, de terceiros, se perder ou se encontrar. Cada um com a sua história. Mas de uma coisa eu tenho certeza: é preciso estar bem preparado psicologicamente para lidar com isso. Diante de toda essa energia que circula nessas ocasiões, uma hora a cabeça e o corpo pedem descanso. É no excesso de barulho e de movimento que reconhecemos que a paz e a felicidade – genuínas – estão na calmaria do lar, no aconchego da cama, no silêncio da própria companhia. Alguém se reconhece assim? Eu sou de festa, noturna, do agito, mas o barulho às vezes é ensurdecedor. Vivo a ansiedade pré-Réveillon, pré-Carnaval e pré-festas no geral, mas não demora muito para outra ansiedade tomar conta. Aquela que me leva de volta para a rotina. Colocar os pés no chão, arrumar a agenda, dormir. Eu vivo esses extremos e no meio deles eu me encontro. Pois é nesses momentos de lazer que dou uma colher de chá para o acaso e exijo menos de mim. Na calmaria ou na agitação, por mais carnavais e folias fora de época com início, meio e fim.

love love love, Lu

Cada um no seu tempo

No início da última semana, li um texto sensacional sobre o tempo de cada um, que dizia que não devemos comparar a nossa vida com a história de ninguém. Esse texto me tocou lá no fundo, por isso compartilhei. Foram inúmeros *reposts* e agradecimentos do tipo "eu precisava ler isso". Homens e mulheres que não haviam passado em uma prova e os amigos sim, a amiga que casou primeiro, o ex-namorado que seguiu a vida e a pessoa "ficou pra trás". Entre tantos outros relatos.

O ser humano é fantástico, mas, infelizmente, se deprecia demais. Que mania de comparar tudo, de olhar para a grama do vizinho e achar que lá é mais verde. Olhamos tanto para o lado — superficialmente – que acabamos nos esquecendo de focar no principal: nós mesmos.

A sorte bate na porta de todo mundo. Os problemas, as oportunidades, o sucesso e o amor não fazem seleção. Só não existe um tempo certo. Cada coisa no seu tempo. Achamos que tem uma idade exata para tudo e, se não acontece conforme o nosso script, frustração. Difícil lidar. Dói.

Nossa vida é feita de referências, afinal a maior parte das nossas decisões envolve comparações de algum tipo. O perigo é aquela que deprecia. A comparação que envolve a identidade e faz com que a pessoa perca a fé em si.

Esse tipo de comparação é feito por aqueles que projetam a felicidade no futuro e esquecem de ser felizes hoje com o que têm e com quem são. E, por não terem uma ou outra qualidade que julgam essenciais para alcançar algum objetivo, desistem até mesmo de tentar, por não se sentirem capazes. "Perdem tempo" fantasiando uma realidade diferente e focam somente no problema, e não na solução. Se vitimar não é muito inteligente e desacreditar em si mesmo, menos ainda. Compare para se inspirar, e não para se desmotivar. Às vezes você não tem determinada qualidade, mas possui outras tantas. Foque em dar o melhor de si – na prova, na relação, no trabalho, nos seus objetivos – e tenha fé (em Deus, em você, independente de crença) que uma hora você irá colher os frutos de todas as sementes que plantar. No **seu tempo**. Nem antes, nem depois.

A felicidade está em apreciar o que está na sua frente, e não do lado. Assim como você, outras pessoas estão com problemas e outras estão vivendo os seus melhores momentos. Cada um com a própria história. Agora, cabe a você focar na sua e ser um protagonista, e não um espectador.

love love love,
Lu

Há pouco tempo

Há pouco tempo, eu nunca tinha aberto um pote de palmito. Há pouco tempo, eu não sabia que uva-passa combinava com tanta coisa. Há pouco tempo, nem de passas eu gostava. Há pouco tempo, eu achava que a parte mais chata de voltar de viagem era desfazer a mala. Hoje eu sei que lavar toda a roupa pode ser ainda pior. Há pouco tempo, não entendia a razão de usar luva na cozinha, hoje eu entendo. Há pouco tempo, não fazia ideia de quanto uma lata de atum pode ser prática e gostosa e nem de como varrer a própria casa pode ser prazeroso. Ao som da minha *playlist* favorita do momento, então... Há pouco tempo, nunca tinha imaginado que pudesse ser tão independente emocionalmente e nem que eu seria capaz de um tantão de coisas. Há pouco tempo, eu, que sou do barulho e do agito, nunca tinha imaginado que algumas horas em silêncio seriam tão preciosas. Há pouco tempo, a insegurança não batia todos os dias na minha porta, mas morar sozinha me trouxe isso (e é ok). Há pouco tempo, eu nunca tinha tido tanto medo de que uma aranha aparecesse na minha frente por ter que enfrentá-la sozinha. Há pouco tempo, uma compra de supermercado nem importava tanto assim. Há pouco tempo, um lençol não me despertava desejo e uma luminária, menos ainda. Há pouco tempo, eu não sabia a sensação de ter a própria casa e o tanto que isso me faria orgulhosa. Há pouco tempo, eu não tinha tantos medos e nem sabia que amaria os efeitos da maioria deles sobre mim. Há pouco tempo, um montão de coisas materiais eram indispensáveis e hoje nem me lembro mais delas. Há pouco tempo, não imaginava a minha vida sem farofa e hoje já contabilizo mais de um mês sem essa delícia. Há pouco tempo, nunca havia reparado que perco tanto cabelo e nem que coco é o meu cheiro preferido quando o assunto é sabão em pó. Há pouco tempo, não passava pela minha cabeça o fato de que pessoas que conheci recentemente ganhariam a importância de uma família.

    Há pouco tempo, não imaginava que, mesmo me conhecendo há 26 anos, poderia me surpreender comigo todos os dias e ainda ter um monte pra descobrir. Não sei do futuro, não importa o tempo que vou permanecer em algum lugar, mas só de conhecer essa Luísa aqui, já valeu.

    Prazer, Luísa, estou amando te conhecer.

love love love, Lu

Peito pequeno

Terapia — fazer *transport* (mudando a intensidade) escrevendo no bloco de notas tudo que eu quero colocar para fora. Vamos lá. Essa já é a terceira vez.

O que é que tem ter peito pequeno?! Quem foi que disse que é menos feminino, menos bonito? Seu peito pequeno não precisa ser um fardo, um "peso". Aprenda a amá-lo.

Tudo na vida tem suas vantagens. O segredo está em aprender a tirar proveito delas. Assim como quem tem peitão e silicone, quem não tem também tem muito charme **sim**. Quem tem peito pequeno abusa do decote, já quem tem muito, quase sempre não. Quem tem pouco bumbum usa microshort sem medo, mas quem tem muito, quase sempre não. Quem tem pouca altura se joga no saltão, quem tem muita, quase sempre não. Nem tudo é para todos, e tudo bem. Mas sem desespero, você sempre vai ter do que se orgulhar. Enxergue e valorize isso.

Não estou falando que sou contra intervenção estética e silicone. Um dia vou colocar — sabe lá Deus quando eu vou sentir vontade —, mas estou falando de você ser feliz com você **hoje**. Cabelo longo, peito grande, bundão, nada disso vai te fazer menos ou mais mulher. A feminilidade vem de dentro e a confiança, também. A gente tem que se amar, se cuidar, e isso começa no seu interior.

Crie os seus padrões estéticos e de felicidade, que o mundo vai enxergar. Eu já elaborei os meus e vou atrás deles todos os dias. E, sim, eles mudam com o tempo. Já fui de não amar a minha altura, hoje amo. Já achei minhas pernas grossas demais, hoje agradeço.

Nós, mulheres, somos todas loucas, alucinadas e vemos coisas demais, defeitos demais. Falo por mim. Juro que tento ser menos exigente. Aquela velha e eterna busca pelo equilíbrio. Sua vida é um presente, mas o que acontece nela não cai do céu. Então **acorda**, se mexe e vai atrás da sua melhor versão.

love love love,
Lu

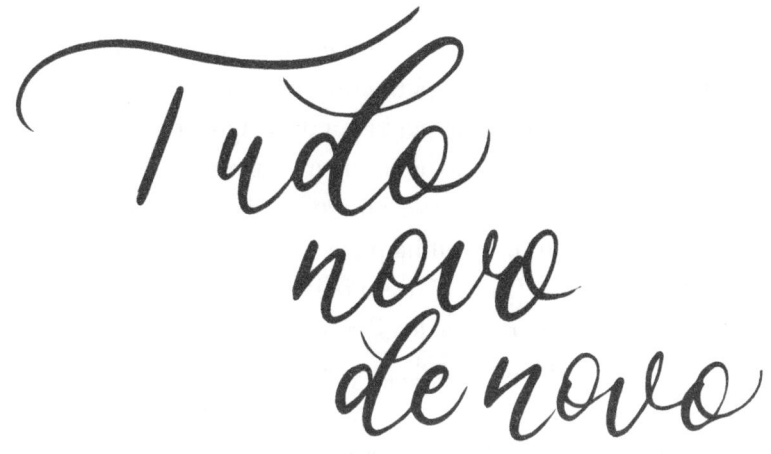

Tudo novo de novo

Ei, fiquei com vontade de escrever sobre um tema: solteirice. Vamos conversar? O assunto não é liberdade, pois, quando amo alguém, me sinto tão livre quanto quando estou solteira: livre para fazer a mesma escolha todos os dias. Portanto, vamos falar sobre ser solteira, desacompanhada. Hoje, pela primeira vez, vivo um novo tipo de relacionamento e talvez o mais intenso, comigo. Desde os 13 anos, emendo um namoro no outro, ou seja, no auge dos meus 25 me deparo com um cenário completamente novo. Muita gente, no meu lugar, teria medo de recalcular, mas posso falar? É isso que me dá brilho nos olhos e me desperta. Tenho certo receio, frio na barriga, mas, se não tivesse todos esses ingredientes, fazer novas descobertas não teria a mesma graça. Eu sempre fui de correr atrás dos meus sonhos, independente de estar sozinha ou acompanhada. Nunca me anulei durante os meus relacionamentos (e assim espero continuar), mas, mesmo assim, o coração apaixonado pensa por dois. Agora estou experimentando pensar apenas por mim, e a sensação também é maravilhosa. Meu texto não é em defesa da solteirice — namorar sempre vai ser a minha praia —, mas sobre as mil possibilidades que a vida te dá de ser feliz. Com um parceiro do lado ou não. Mudar a rota do GPS pode te surpreender, e venho me surpreendendo. Cada pessoa que surge na vida — amizades ou paqueras —, novos lugares, novo jeito de olhar pro lado e novos caminhos nos mostram diferentes modos de enxergar a vida, inclusive nós mesmos. Relacionamentos estão aí para nos fazerem ainda mais felizes e não são uma condição para a felicidade. Todos os meus deram certo e foram **eternos** enquanto duraram. Atualmente, estou aqui, escrevendo minha história sob uma nova perspectiva e mal posso esperar pelos próximos capítulos. Espero que você aí do outro lado esteja escrevendo a sua também.

love love love,
Lu

Quando chorei de saudade

Semana passada eu chorei. Estava coando o café quando os meus olhos se encheram d'água. Coração apertado. Era saudade. Parei para entender e me deixei sentir. Naquele momento, inúmeras pessoas vieram-me ao pensamento. Junto com elas, algumas ações bobas e triviais que costumava fazer há pouco tempo, como cantar em alto e bom som sozinha no carro ou, ao chegar em casa, ver a minha grande família reunida nos bancos da piscina papeando, esperando o café.

Na agitação dos dias e na avalanche de acontecimentos dos últimos quase seis meses, eu ainda não havia me deparado com esse sentimento. Não desta forma. Pela primeira vez, desde quando resolvi morar sozinha e mudar de cidade, a saudade apareceu de uma forma mais avassaladora do que as boas lembranças que nos visitam ao longo dos dias. Faz parte.

Por alguns minutos, curti a fossa, mas não demorou muito para lembrar-me que saudade também é um sentimento bom, apesar de nos fazer transitar em extremos, como nenhum outro sentimento é capaz de fazer. Ela é boa porque faz com que a gente valorize e guarde pessoas e acontecimentos com carinho no coração. Ninguém sente saudade do que não faz bem. Mas é ruim, pois nos confronta com as nossas escolhas ou com fatos que não podemos mudar. A morte é uma delas.

Por sorte, o motivo da minha saudade me colocou de frente com as minhas. A distância física de pessoas que amo e o abandono de velhos hábitos são consequências das escolhas que fiz. Posso falar? Faria cada uma delas novamente. Não existe escolha sem renúncia, a gente só precisa estar pronta para lidar com elas. Caso contrário, também é ok voltar atrás. Se estiver ao seu alcance, claro.

Diante dos caminhos que escolhi, comecei a enumerar mentalmente tudo de positivo que essas escolhas trouxeram, e as minhas renúncias ganharam outro significado: gratidão. É preciso coragem para fazê-las, mas que o medo do incerto não nos impeça de seguir os nossos sonhos em busca de felicidade e realização.

A saudade ainda vai bater muito na minha porta. Pode vir. Eu te recebo, abraço e agradeço por me fazer lembrar que a vida é feita de escolhas.

love love love,
Lu

A prece mais bonita

Tenho tido a sorte de conviver com pessoas de diversas crenças religiosas, incluindo as que não possuem uma. É um convívio muito rico, pois, independentemente da minha crença espiritual (religião), a que exercito diariamente é o **amor**, na qual o respeito é a principal lei. Acho realmente um privilégio poder trocar informações e entender o "outro lado". Tenho aprendido muito. E ensinado também. Conviver com pessoas diferentes de nós nos faz exercer, entre tantas outras qualidades, a tolerância e a empatia, estas que deveriam pertencer a todos os seres humanos, independente da devoção.

É louco pensar que a religião é um dos principais fatores que distanciam milhares e milhares de pessoas e despertam uma das formas mais brutais de intolerância. A verdade é que você não precisa crer em Deus para ser grato, bondoso, empático e compreensivo. Tenho conhecido gente muito mais espiritualizada do que aquele povo que se diz devoto por aí. Ser ateu não é ser descrente da vida. É não crer em uma "figura" maior. Mas há uma energia, uma conexão interna e externa aí.

Outro dia, uma pessoa ateia que conheço, que carrega um coração lindo e grato, perdeu um amigo querido e se virou pra mim para dizer: "Em uma hora dessas, se eu soubesse rezar, eu rezaria". Eu logo devolvi: "É claro que você sabe!". Rezar ou fazer uma prece tem muito mais a ver com o sentimento que carregamos no peito do que com palavras ensaiadas. Existem pessoas que recitam lindas orações, mas no fundo não dizem nada. Deitar a cabeça no travesseiro e agradecer pelo dia também é uma forma de oração. ==Quer seja direcionado a Deus ou ao Universo, desejar, do fundo do coração, o bem do próximo sempre será uma das preces mais bonitas.==

love love love,
Lu

O filtro mais importante é o que usamos na vida real

Recebi a *direct* de uma seguidora há alguns meses. No dia em que li, a mensagem mexeu muito comigo e, através do depoimento dela, ganhei novas percepções sobre o universo das mídias sociais. Ela descreveu alguns sentimentos e mencionou como isso afetou o seu comportamento no mundo virtual. Esse é um assunto recorrente e importante de tratar nos dias de hoje. As dores e as delícias da utilização desses aplicativos que nos conectam com o mundo, mas, ao mesmo tempo, também nos distanciam, inclusive de nós mesmos.

Para dar início, devo mencionar que, três dias após ter recebido essa mensagem, estive em um almoço com um cara que faz um trabalho sensacional e obtém um impacto ambiental e social grandioso. Durante a nossa conversa, questionei a falta de divulgação do trabalho dele e de como poderia disseminar a ideia e inspirar pessoas através das mídias sociais, devido à rapidez e ao alcance dessas plataformas. A justificativa dele foi a de ter receio de ser mal interpretado e de se sentir responsável pela alienação do público de achar que "a vida é somente um mar de rosas". Era isso que o impedia de dar esse passo.

Na minha opinião, não faz sentido deixar de espalhar uma boa ideia e divulgar o bem com medo da má interpretação das pessoas. Quando fazemos algo útil, que não prejudica as pessoas e com a melhor das intenções, o saldo positivo sempre será maior. Não podemos nos cobrar tanto, nem nos responsabilizar pela forma como o outro enxerga o mundo e interpreta a mensagem.

Não é preciso fazer *stories* se lamuriando, chorando as pitangas para lembrar para o espectador que somos humanos e, portanto, iguais. Todos temos dias bons, dias menos bons, defeitos, qualidades, e todos temos as mesmas chances de buscar a felicidade. A impressão que me dá é que o mundo já tem tantas notícias ruins chegando a toda hora pelas grandes mídias que procuro mostrar e dividir com as outras pessoas o lado bom da vida, que todos temos. Longe de ser a boneca de porcelana, a fada da bondade, mas que sejamos, ao menos, alguém que desperta coisas boas e inspira o próximo. Acima de tudo, sejamos honestos com os outros e, principalmente, com a gente mesmo. A honestidade é essencial para a exposição nas redes sociais. Honesto em não fingir ser o que não é apenas para a aprovação de terceiros. Sua vida não é menos interessante só porque não se encaixa em algum padrão ou porque o *feed* da fulaninha é mais bonito.

A cor da nossa vida e a forma como a enxergamos depende do filtro que usamos no mundo real.

Aproveite tudo de bom que as mídias puderem proporcionar; inspire-se, assim como eu, em tudo que puder te ajudar a ser uma pessoa melhor e não tenha medo de compartilhar uma boa ideia.

love love love, Lu

Menos excesso,

mais essência

Você é feliz?

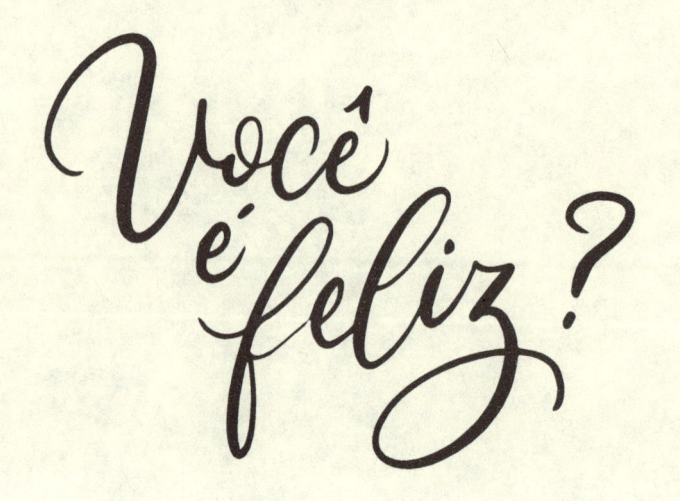

Desde pequenos, ouvimos que devemos fazer isso ou aquilo para alcançar a felicidade. O sentimento sempre foi atrelado a algo grandioso e tido como resultado de ações e comportamentos, tudo para chegarmos "lá". O anseio pelo que está por vir nos faz esquecer o principal: o agora. Precisamos lembrar que o "lá" é subjetivo e incerto. Precisamos e queremos ser felizes hoje, e não amanhã. Assim, transformamos a felicidade no caminho, e não no destino final. Não é preciso esperar que uma promessa se cumpra, uma promoção apareça ou que alguém surja em nossa vida para sermos felizes.

Para mim, a felicidade é o conjunto de pequenas alegrias reconhecidas e sentidas ao longo do dia. A palavra, por definição, é um estado de consciência satisfeita, contentamento, bem-estar e preenchimento. Então, por que não preencher o dia com pequenas alegrias que nos trazem essa emoção? Quando conto as pequenas (**grandes**) alegrias do meu dia a dia me sinto, sim, uma pessoa extremamente feliz.

Nunca tudo vai estar 100%. Uma ponta vai estar solta, uma situação pendente e acontecimentos que nos tiram do eixo sempre irão existir, mas contabilize tudo o que te faz alegre, independente da situação, que só assim a felicidade será duradoura.

Afinal, Luísa, o que te faz feliz? Quando uma música que eu amo toca e me faz esquecer do trânsito, o sol que bate na minha janela no final da tarde, comprar o último sonho da padaria, visitar uma pessoa querida, tirar uma hora do dia para me dedicar a um livro que adoro, a saladinha durante a semana com as vizinhas, o meu edredom quentinho em um dia frio, longos papos com os meus pais, matar uma aranha sozinha e superar aos poucos um medo, achar um ingresso de um show guardado e sorrir com as boas recordações, o cheirinho de pão ao cruzar a esquina, fazer a unha, tomar suco de caju e lembrar do gostinho de infância, zerar a lista de pendências do dia, ajudar alguém, fazer algo pela primeira vez, iniciar um projeto, tirar o sutiã, arrumar o armário, tomar água depois de escovar os dentes, conhecer alguém ou, simplesmente, dançar na frente do espelho ao som da minha *playlist* favorita.

É, eu sou muito feliz e tenho certeza absoluta de que a felicidade te visita o tempo todo também, você só precisa perceber. Não espere algo favorável para ser feliz. A alegria maior que é estar vivo já é motivo suficiente.

love love love,
Lu

Sobre gerar uma vida

Outro dia me perguntaram sobre o meu desejo de ser mãe. Quando mais nova, esse papel ocupava o topo dos meus sonhos. Hoje nem tanto. Naquela época, gerar uma vida era lindo e sem complicações. Só enxergava o milagre e a beleza que é ver um ser humano crescer dentro da barriga. A comprovação de que a natureza e Deus são perfeitos em suas criações. Como não desejar?!

Os anos foram passando, e a maturidade e a responsabilidade vieram junto. Passei a entender, cada dia mais, o papel de mãe e a colocar-me no lugar da minha. Criar alguém para o mundo, mais do que lindo, é desafiador. Comecei a entender a complexidade da atividade, e o desejo passou a dividir espaço com a insegurança, não vou mentir. Será que vou ser capaz? Como vou saber se estou sendo boa mãe? A partir daí, inúmeras perguntas surgiram.

Se já era difícil educar com o pitaco da mãe, da sogra, das amigas e vizinhas, imagina diante de tanta informação, modismos e interferências vindas de fora. Tudo é questionado, julgado... Como saberemos se estamos no caminho certo? A verdade é que a certeza nunca existirá. Por isso, mais do que criar expectativas, julgar as mamães que me rodeiam e palpitar na vida alheia, fortaleço na minha cabeça as certezas que tenho. Independente de qualquer circunstância, meu filho será uma criança muito amada e com certeza a intuição me dirá como agir. Por fim, farei tudo o que estiver ao meu alcance para que ele ou ela se torne uma pessoa amorosa e empática. Porque, quaisquer que sejam as gerações, as modas e as regras, é disso que o mundo realmente precisa.

Sim, apesar do receio, a vontade de ser mãe existe.

love love love,
Lu

Reconnecting

Há três semanas que não escrevo nada e não coloco em palavras os vários assuntos e sentimentos que me acompanharam todos esses dias. Há quase um mês, "travei"! Nesse período, frases e pensamentos não foram concluídos. Muitas reticências e nenhum ponto-final. Que agonia, que luta interna! Cadê meu foco? Uma sensação muito estranha e incômoda de não conseguir fazer algo natural, que é escrever.

    Ontem, sentada após o café, apreciando a linda imagem da serra, com o sol e o vento batendo no meu rosto, consegui — finalmente — me reconectar! Durante esse tempo, pouco mais de dez minutinhos, sem estímulos externos, no silêncio, tendo como testemunha apenas os ruídos da natureza, nada mudou externamente, mas minhas necessidades individuais foram reativadas. Diante dessas condições, meu eu interior e minhas prioridades foram restabelecidas. A pressa e as inúmeras informações, muitas vezes, nos levam a falsas prioridades e nos tornam pessoas ansiosas demais.

Dividir energia é bom, estar rodeada de pessoas também, mas cumprir todas as obrigações e ainda superá-las é melhor ainda. Essencial mesmo é aprender a interiorizar todas essas informações para saber o que fazer com elas. Ressignificar.

É tanto para absorver em tão pouco tempo que, quase sempre, não absorvemos nada. Não nos aprofundamos, não entendemos a origem das coisas. Ali, nos poucos minutos que me dei, quase sem querer, vi o quanto estava distante de mim. Eu não estava amordaçada, eu não estava era me escutando. Sempre tinha o WhatsApp para mandar, o episódio da série para matar, a academia que não podia perder e o compromisso para o qual já estava atrasada.

Enchi-me de tudo e, ao mesmo tempo, de quase nada. Mais uma vez, que agonia. A agenda da semana já está recheada, mas a consciência já é outra. Vou buscar esvaziar-me um pouco todos os dias do que não é necessário e, na semana que vem, me recolher para, assim, me doar, plantar, colher e fazer crescer. Cuidar da terra é essencial para semear. Cuide da sua.

love love love,
Lu

Maneira de amar

Nunca desejei um amor perfeito. Aquele em que o outro te trata como princesa, faz todas as suas vontades e vem montado em um cavalo branco, sabe? Nunca. Nem se ele, de fato, existisse. Quando novinha, meu foco era apaixonar-me. Eu adorava a sensação de borboleta no estômago, encontro marcado no intervalo da aula, cineminha, estar acompanhada... Sempre namorei, e, mesmo com a imaturidade típica da juventude, o que procurava em todos os meus relacionamentos era uma coisa só: paz. Eu sabia que não seria nenhum Romeu que me faria a mulher mais feliz do mundo, e sim o homem que fizesse a minha vida ser mais **leve**. É certo que a pouca idade, o processo de autoconhecimento e o nosso ego fazem com que os relacionamentos da juventude pesem um pouco mais do que deveriam, mas ainda assim eu sempre prezei pela paz no meu coração.

Tem gente que ama amar com "emoção". Entre idas e vindas, brigas eternas (por nada), ciúmes eternos (por nada e por questões pessoais mal resolvidas), gritos, 7.632 mensagens de texto, três dias sem se falar, tudo pelo simples prazer de fazer as pazes. Porque, afinal, "o amor supera tudo", eles dizem. Tem gente que ama amar com obstáculos ou, melhor, com excesso de expectativas. É aqui que entra o príncipe do cavalo branco. Quem ama com obstáculos espera — e acredita de verdade — que o outro, por amar, deve ter uma bola de cristal. "Se ele me ama, é óbvio que ele não vai fazer isso", "é óbvio que ele vai saber". Não, meu amor. Nada é óbvio. Mas, entre a frustração e a esperança de que o amado leia a sua mente e preencha todas as suas expectativas, ama nessa montanha-russa de emoções. E, por último, tem quem ame amar na paz. Parece sem graça falando assim, né? Mas não. Vem que eu te explico.

No relacionamento leve, pacífico, o que se prefere é ter menos razão — nem sempre foi assim — e ser mais feliz. Há os que preferem encurtar o caminho e falar o que gostam e como gostam em vez de deixar o outro ficar tentando adivinhar. Essa gente, na qual me incluo, ama ser surpreendida, mas não acha que encurtar o caminho faz perder o sabor. Um amor leve não tem cobrança, tem menos ego e mais diálogo, mais respeito, mais empatia e individualidade nesse nó de dois. Não que um amor leve não tenha brigas e desentendimentos, é claro que tem. Somos seres distintos! Mas a discussão acontece para resolver e não termina em ficar sem se falar. O amor leve requer maturidade (isso é delicado no amor), mas, mais do que isso, necessita que a pessoa tenha uma vontade doida de viver e ser feliz para ontem! Assim, qualquer picuinha parece ser perda de tempo. Quem ama amar na paz, na verdade, nem procura o amor em si, mas, se ele se materializar em forma de pessoa, melhor pra gente.

Mas, como já diziam Caetano Veloso e Milton Nascimento: "Qualquer maneira de amor vale a pena, qualquer maneira de amor vale amar".

love love love, Lu

Caos

Poucas vezes na vida perdi o "chão". Pouquíssimas. Que eu me lembre, somente duas. A primeira, quando me deparei com a morte pela primeira vez. A outra foi esta semana. Perder o "chão" é ficar no vazio. Cair em um buraco negro sem fundo por alguns minutos. É um misto de medo com incerteza, com descontrole, com não sei nem mais o que dizer, mas dói, dói muito! O misto de sentimentos te consome de tal forma que a dor passa a ser física, visceral. O remédio é só um: autocontrole, respiração e fé para mudar o ciclo negativo. E passa. O tempo que leva para sair da situação depende exclusivamente de nós, não porque alguém é mais ou menos preparado, ninguém é, mas porque a forma como lidamos com o caos é que vai dizer. Me vi forte ali. Não porque não tenha sentido o baque. Eu fui nocauteada com uma notícia ruim, mas me levantei, pela primeira vez, sozinha.

Morar perto da família e com a casa cheia tem inúmeras vantagens, e uma delas é ter sempre para quem correr, ouvir, aconchegar. Nenhum calmante é melhor que um colo seguro, um abraço sincero e uma mão para segurar. Eu sempre tive isso, mas dessa vez, não. Morar sozinha — e longe — tem exigido, entre tantas outras coisas, que eu resolva essas situações sozinha. Já resolvi o pote de palmito, o bicho que fui obrigada a matar, a conta, a descarga que deu problema, a saudade, as dúvidas e, agora, estar longe da família quando eles mais precisam de mim e eu, deles. Não que aqui eu não tenha ninguém (ô, como tenho), mas não a todo momento. Na hora em que recebi uma triste notícia, eu estava sozinha no chão de casa e ali fiquei por alguns minutos até conseguir voltar.

Já ouvi de muitos donos de empresas que uma das principais características buscadas em uma contratação é a capacidade que o candidato tem de resolver e lidar com problemas. É, meus caros, isso não é só no ambiente de trabalho. Quem possui essa habilidade na vida, sai na frente. Para essas pessoas, o tempo ruim não dura, a angústia não consome, o coração se tranquiliza em menos tempo e logo vem a solução. Mesmo que seja apenas confiar. É impressionante como a nossa realidade pode mudar em questão de segundos. Tanto para o bem, quanto para o mal. A fragilidade da vida é assustadora, mas é o que faz dela extraordinária. Portanto, espero que você se habilite, cada dia mais, a lidar com os contratempos da vida, pois eles virão. Sempre vêm. Sem precedentes, sem distinção e para todo mundo e tá tudo bem.

Next...

love love love, Lu

Gente que...

Gente que olha no olho
Gente que demonstra
Gente que se importa
Gente que fala
Gente que sorri

Gente sem cerimônia
Gente que faz
Gente que perdoa
Gente que muda de opinião
Gente que dança

Gente que respeita
Gente que assume
Gente que levanta o outro
Gente espiritualizada

Gente que divide
Gente do mundo
Gente destemida
Gente sem mágoa
Gente positiva
Gente quente
Gente que descomplica

Meu tipo de gente... Qual é o seu?

love love love, Lu

Amo até os seus defeitos

"Amo até os seus defeitos." Essa é uma frase muito utilizada em letras de música, votos de casamento e roteiros de filmes românticos, certo? Mas sempre achei que faltava algo. Declaração de amor mesmo é quando o "até" é substituído por "principalmente". A palavra é forte demais, eu sei. Mas é que são eles os principais responsáveis por fazerem o amor perdurar. Ok, você não precisa amar um defeito com todas as forças, mas olhá-lo com empatia, carinho e reconhecer que é ele que torna o seu companheiro ou companheira uma pessoa única, ah, isso precisa!

Em certo momento da vida, mudamos o foco e passamos a procurar uma pessoa não somente pelas qualidades, mas, principalmente, pelos "defeitos" de caráter e físico com os quais somos capazes de conviver. E, a partir daí, são eles que dão um gostinho todo especial a qualquer relacionamento. Porque ninguém tem aquele ronco tímido igual à sua amada e nem a sua mania de número par. É ele que é ligado na tomada e começa a arrumar tudo assim que chega antes mesmo de respirar e tem umas ideias malucas fora de hora. Só ela repete mil vezes a mesma piada e nunca larga o celular antes de deitar. É ele o dono do pé mais esquisito e lindo do mundo e da voz mais desafinada ao cantar. Só ela toma quatro banhos por dia desnecessariamente só para te ver questionar. E é dele o dom de fazer cócegas no lugar que você mais odeia pra poder te irritar. Defeitos, manias, cicatrizes, traumas... São coisas e bagagens que só eles têm e fazem e também os tornam especiais.

    O amor não cega o coração para os defeitos e as manias. Ele até os enxerga, mas, ao invés de repeli-los, prefere alertar, discutir, rir, entrar em acordo e mostrar o que sente. O coração ama inteiro e de verdade, principalmente, aquilo que os outros olhos desprezam.

    Quero amor assim. Inteiro e de verdade.

love love love, Lu

Elogio quebra barreiras

A vontade de escrever sobre este assunto surgiu ainda na minha viagem para a Califórnia, mas eu fui adiando, escrevendo sobre outros fatos mais "frescos" da vida e acabei deixando passar. Até agora.

Elogiar. Esse ato é mágico. Abrir a boca para fazer um elogio pode ser muito poderoso! Você não imagina quanto. Então, por qual razão pensamos mais do que dizemos?! Eu sempre fui de elogiar, colocar para cima, externar quando alguma coisa ou alguém me encanta, mas, entendendo como isso pode afetar positivamente a vida das pessoas, faço ainda mais questão. Na viagem recém-realizada com as amigas, comentávamos todo santo dia sobre como as pessoas lá – principalmente as mulheres – faziam questão de elogiar. A resposta a esse ato vem sempre seguida de um "muito obrigada", sorrisos largos, dancinhas e alguma aproximação.

Elogio quebra barreiras e abre portas para o afeto. Incentiva, une, faz bem. Então por que não fazê-lo? Muitas vezes um pequeno comentário pode fazer com que o receptor perceba coisas que ainda não havia visto ou valorizado. Aconteceu comigo.

Em um mundo tão competitivo, ácido, de tanta gente com baixa autoestima, seja responsável por fortalecer pessoas. E, não me entendam mal, críticas são bem-vindas, mas quando são construtivas e seguidas de uma sugestão para melhorar ou de qualquer tipo de embasamento. Críticas verdadeiras nos colocam para pensar e não machucam. Saiba diferenciar. Expelir o veneno é sempre mais fácil, mas não se renda a ele. O que sai da nossa boca, do pensamento e dos dedinhos — alô, mundo digital — tem um poder enorme, então use com sabedoria, mas o que for **bom** e **para o bem,** use **sem** moderação.

love love love,
Lu

Ler

Toda vez que começo um novo livro tenho aquela sensação maravilhosa de "como ler é delicioso". Me questiono sempre a falta de frequência. Por que, no meio da rotina frenética, não tiro ao menos uma hora do meu dia para me dedicar às leituras, sejam elas "mamão com açúcar" ou mais consistentes? Por que muitas vezes dou preferência às séries?

Se eu soubesse todas as respostas não estaria aqui escrevendo, mas que em todo início de um novo título eu me pego pensando nisso, ah, sim. Quando leio, só coisas boas acontecem. Em alguns trechos, lembro-me de pessoas específicas que, por algum motivo, encontrei ali nas entrelinhas e me transporto para lugares aonde nunca fui. Me emociono, aprendo, rio sozinha, me identifico, fujo e, por vezes, me acho também. Cada leitura é transformadora. Isso vale para os negócios, para a vida social e para questões internas. Enquanto escrevo este texto, recordei-me que durante e após algumas leituras tive estalos importantíssimos na minha vida. Ler arruma o caos e organiza as ideias.

Nos romances, fujo da minha história para viver uma outra. Leio crônicas para não me sentir sozinha. Escolho títulos que falam de trabalho, outros sobre misticismo, esoterismo e crenças com as quais não preciso concordar, mas que gosto de ver para entender o lado de lá.

No meio dessa loucura, tenho livros inacabados que parei por não querer terminar ou porque a vida atropelou, e tudo bem. Ler é bom sem obrigação, quando é por livre e espontânea vontade. Sem urgências. A não ser por aquela que grita por dentro e faz com que a gente corra a uma livraria e se perca por lá para depois se encontrar. Por mais momentos de respiro, reencontros (consigo), aquela horinha que a gente tira pra nós antes de deitar. Aos domingos de sol na companhia de bons livros, seja na espreguiçadeira ou no sofá, e por mais breaks na semana para escolher um café da sua preferência e parar no meio da tarde por 30 minutinhos para "viajar". Quero.

love love love, Lu

Expectativas

Nem sempre tudo sai de acordo com o script. Esse é o "problema" e o tema do texto de hoje: expectativas. Que nada mais são do que roteiros criados na nossa cabeça. Elas são tantas, tão ensaiadas e redondinhas que, se algo sai uma vírgula da reta, pronto, nosso mundo caiu. Desenhamos cenários, idealizamos pessoas, criamos situações e, de repente, *puff*, não era bem assim. A expectativa distorce a nossa percepção da realidade.

Não tem jeito, somos humanos, dignos de erros e exageros. Mas que mania a gente tem de querer que tudo saia conforme o planejado. Que **m a n i a**. Nossas expectativas deveriam ser mais flexíveis, com vírgulas, parênteses e exclamações que não estavam no roteiro, mas dão um toque especial — percepções, aprendizado, paciência — no final. Faz parte do viver se deixar surpreender.

Mais do que alimentar expectativas, deveríamos alimentar a esperança. Ela tem a ver com a fé e com a aceitação dessas "surpresas" enviadas por uma força maior – seja em qual for que você acredita – para reforçar o que já sabemos de cor e salteado: nem tudo está sob nosso controle.

Sigo criando expectativas (várias), afinal, elas motivam também. O exercício diário é criar expectativas, mas não projetar a minha felicidade sobre elas. Tirar o melhor de situações que não posso mudar e, principalmente, viver o presente. Expectativas tratam sobre o futuro, mas o que você tem agora?! Vamos fazer valer a pena. Uma pessoa me escreveu esta semana: "errando, aprendendo, mudando...", e é bem assim.

love love love, Lu

Alma leve

Pensei em escrever sobre ansiedade, recomeços, rotina, expectativas, planos, entre outras coisas que têm estado na minha cabeça nesses primeiros dias do ano. Mas o tema que vai abrir o ano fala de um sentimento que vem ganhando um novo significado na minha vida com o passar do tempo: orgulho.

Já fui uma pessoa muito orgulhosa, no sentido negativo da palavra. Aquela pessoa que não aceita estar errada, torce o nariz e prefere ir dormir brigada a ter que pedir desculpas. Oi? Quem faz isso? Pois é, muita gente, e eu era uma delas. Imaturidade, personalidade, traumas, vai saber. Independente da causa, graças a Deus, temos a possibilidade de mudar e evoluir em busca de uma versão que nos faça mais felizes. E, sim, essa é uma das coisas que mais tenho **orgulho** (sentido positivo) em dizer que venho melhorando. Sou de argumentar, colocar meu ponto de vista, brigar, mas, ao final, tenho preferido ser feliz a ter razão. Meu fôlego para estresse tem ficado cada vez menor. A bomba pode estourar, mas não deixo mais o fogo se alastrar, sabe como é?

Na vida, antes me importava muito com o que as pessoas pensavam. Na hora de elogiar alguém, por exemplo, o que passava na minha cabeça era "a pessoa vai ficar se achando", mas agora deixo que se ache. Aprendi que quando é para o bem nunca devemos economizar nas palavras, no elogio, na admiração ou em ficarmos vulneráveis. O que a pessoa faz com essa informação – se envaidece, agradece, se acha, interpreta errado ou recebe humildemente – é de inteira responsabilidade dela. Eu fico leve.

Deixar o orgulho é deixar de se envaidecer também. Sou vaidosa (alô, leonina), mas hoje em dia gosto que as pessoas que estão ao meu redor brilhem comigo. Aprendi na marra, na vida, convivendo com pessoas que tiveram um papel fundamental nessa minha evolução. Entendam, evoluir dói. Não soube lidar com várias situações que hoje tiro de letra.

O processo é longo, diário (sigo no meu), mas o importante é que a gente se conheça e reconheça os defeitos e sentimentos que nos fazem estagnar. Aquilo que pesa. E vem cá, nada paga o preço de uma alma leve.

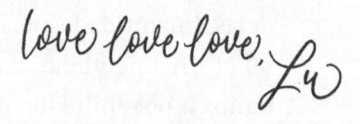

love love love, Lu

Zona feliz

Era maio de 2014 quando comprei uma passagem para a minha primeira viagem sozinha. Destino: Londres. Era verão europeu, Copa do Mundo no Brasil e eu embarcava para um curso de duas semanas por minha conta e risco. Os dias que antecederam a viagem foram de pura ansiedade, mas tinha um frio na barriga a mais. Dessa vez, não iria dividir quarto com nenhum conhecido, não havia ninguém à minha espera e mais, não fazia **i d e i a** do que me aguardava.

Aeroporto, ok. Voo, ok. Metrô, ok. Foi na chegada ao meu *hostel*, diante de cinco andares de escada para subir com uma mala imensa na mão que a minha ficha caiu: "Estou sozinha". Lembro-me de quando entrei no quarto e o meu coração foi tomado por um vazio que só foi preenchido ao ligar para a minha família via *facetime*. Percebi, naquele momento, que estava fora da minha zona de conforto. Estranhei a primeira noite, mas, depois disso, me transformei. Acordar em um país diferente e criar uma nova rotina baseada nas minhas necessidades e vontades foi mágico. Me virar nos 30, me divertir, conhecer pessoas e deixar que os dias me surpreendessem me trouxeram um preenchimento sem igual. Sair do conhecido para o desconhecido causa desconforto, mas faz com que os sentidos se apurem, desperta um novo olhar. Deixa a alma aberta e livre para o que está por vir. Um simples *pit stop* na padaria para tomar café passa a ter mais graça, errar o caminho propositalmente se torna um novo *hobby* e ouvir e cantar a sua música favorita no volume máximo passa a ser muito prazeroso.

Viajar sozinha faz com que a gente se livre das certezas e viva o agora. Por exemplo, no último sábado saí de São Paulo rumo a um novo destino em que eu não conhecia ninguém nem sabia o que iria encontrar. Terminei o dia em um restaurante delicioso na companhia de cinco pessoas que até pouco mais de quatro horas antes me eram completamente desconhecidas, mas que estavam ali, dividindo histórias, risadas e a mesa comigo. Há quem se retraia diante do novo, mas a vida só acontece se a gente experimentar, arriscar... Afinal, só permanece o mesmo quem quer. Livre-se de vez em quando de roteiros e seguranças e descubra que você não precisa de uma zona de conforto, e sim de uma "zona feliz", e ela vive dentro de você. Coragem.

love love love,
Lu

Seja interessante

Qual a primeira qualidade que você procura ou nota em uma pessoa para te conquistar (como amizade ou paquera)? Já parou para pensar? É quase impossível dizer só um adjetivo. Procuramos tantas coisas... Estamos cada vez mais exigentes, vai dizer... Postei uma foto no *feed* fazendo a mesma pergunta, pois queria ouvir a opinião de vocês. A troca foi sensacional. Como somos diferentes! A prioridade e o que é essencial variam com a história de cada um. Isso é lindo. Li, curti e assinei embaixo de algumas. Agora é a minha vez:

Amo pessoas educadas, humildes, leves e bem-humoradas. Já foi comprovado por A+B que não sustento um dia ao lado de pessoas que tratam os outros mal, que são intolerantes ou que interpretam quase todos os aspectos da própria vida — e de terceiros — de forma pesada e sem humor. Eu me encanto por ==gente com emoção, com gana e tesão pela vida.== Cercar-me dessas pessoas é um combustível diário para vencer os dias. Já ouviram falar que você é a média das cinco pessoas com quem passa mais tempo? Pois então...

Do lado de lá, quando se fala em coração, alguém pra estar junto, o buraco é mais embaixo. Além de todos os adjetivos citados acima e os que ainda vou citar, o cartão de visita de um homem é atitude/personalidade. Não é preciso nem meia hora de papo para detectar. Tem ou não tem. Pá pum. São essas pessoas as donas do famoso "borogodó". Depois da primeira impressão vêm a gentileza, a honestidade, a inteligência, o caráter e a parceria para completar. Mas duas características, em especial, eu considero ser a cereja do bolo: independência e segurança. Vou explicar. Ninguém nasce seguro e independente. Os dois são aspectos trabalhados ao longo da vida. Não somos 100% nem um nem outro. Estamos em constante evolução. Mas um homem que já chegou a um nível considerável – a idade não importa aqui – tem um diferencial fortíssimo. O cara seguro não te deprecia, não corta as suas asas. Ele faz questão de te colocar pra cima e caminhar junto.

Quando falo em independência, a profissional e a pessoal contam também, afinal é gostoso de ver, mas o meu foco é na emocional. Você sempre será a primeira escolha dele, mas sabe da importância de ter momentos que não incluem o casal. Uma pessoa dependente emocionalmente (donos do discurso "não vivo sem você") uma hora sufoca. Você pode amar com todas as forças, não é um problema, mas ser independente é fundamental. Dessa forma, o amor encontra o seu real significado, que é ser uma escolha, e não uma necessidade.

Já parou para pensar no que é realmente essencial que uma pessoa tenha para estar com você?

love love love, Lu

Sobre términos

Com certa frequência, tenho recebido e-mails e *directs* com relatos de mulheres me pedindo ajuda/dica/fórmula para superar o término de um namoro. Todas elas começam as mensagens dizendo que eu pareço estar sempre de bem comigo mesma e que se inspiram em mim pela positividade com que levo a vida. "O que você faz?!", elas perguntam. Para começar, me sinto muito lisonjeada e feliz com as mensagens. Não só pelo carinho, mas pela confiança em mim depositada. Quanta responsabilidade!

Mas como ajudar uma pessoa que mal conheço quando esses desabafos chegam na minha caixa de *inbox*?! Por mais que vocês tenham me contado um pouco (mulherada, esse texto é para vocês), é impossível opinar e dar pitaco na vida alheia. É delicado. Já precisamos ser cuidadosas com as amigas, imagina com vocês daí.

O discurso que eu tenho para vocês é só um. Não existe fórmula. Se existisse, a gente não passava uns apertos na vida, não é mesmo?! Mas posso dizer que tudo começa e termina em **você**. A frase aí de cima não foi escolhida à toa. Está aí o segredo. A responsabilidade da sua felicidade é exclusivamente **sua**. Faça disso uma prioridade. Seja protagonista dos seus dias e não deixe ninguém tomar esse lugar. O maior caso de amor deve ser consigo mesma. Com todas as delícias e defeitos. O namorado/marido que vier tem que vir para somar, multiplicar. Dar a mão para caminhar junto e não servir de âncora. Se você pensa, de verdade, que não consegue viver sem aquela pessoa, reveja isso. A gente consegue, sim, só não quer. A morte está aí para nos provar.

Estar junto de alguém é uma escolha diária, mas se isso já não acontece ou se a vida levou essa história para um caminho diferente, aceite. Se você se doou, tentou, deu o seu melhor e ainda assim não deu certo, confia que não era para ser. Tem coisas que a gente não consegue mudar. Talvez não seja a hora. Nunca ame por dois, não se acomode com o que você não acha que está bom. Desapegue e tenha a certeza de que Deus reserva coisas maravilhosas para você. Coragem.

Cada um tem seu tempo de luto. É preciso se conhecer. Sofra, chore, mas estabeleça um prazo. A vida está aí, lindona, e o mais valioso nós temos: todos os dias para recomeçar. Busque o seu melhor e não abra mão dos seus sonhos. Seja independente. Em todos os sentidos. Desfrute de você, aproveite a sua companhia. É um erro procurar no próximo aquilo que nos falta. Agregue. Porque, no fundo, só quando estamos completas que somos capazes de desfrutar o melhor do amor.

Eu não aceito nada menos do que ser feliz. É uma busca diária. Levanta e vai. Foque no que vai ser... E faça ser incrível.

love love love, Lu

Temos o hoje

Cada dia que passa, valorizo mais o **hoje**. Nos últimos dias, nem se fala. A importância disso tem dado cada "alô" pra mim…

A eternidade é o agora. A única certeza que temos. No amor, no trabalho, em casa ou em uma viagem. Tudo passa, tudo muda, muitas vezes sem aviso prévio.

Sabe uma caixinha de surpresas? Assim é a vida. De repente, **pá**! Somos obrigados a lidar com novas circunstâncias. Está aí o maior desafio — e também a delícia — da nossa jornada: nos adaptar a novos cenários, crescer, aprender e tirar o melhor proveito de tudo **hoje,** e não amanhã.

Mas não vamos pensar de forma vazia. Não é por isso que vamos ser "V1DA L0kA", inconsequentes, mas seja intenso. Calcule **menos** (é pra calcular, claro, mas menos) os riscos, pensando lá na frente. Mergulhe infinitas vezes, sem medo de se afogar. Mesmo se não der certo, o seu último salto pode ter entrado para a lista de um dos mais incríveis da sua vida. *Do it again*. Não respondo ao medo. Respondo ao meu coração e à vontade que eu tenho de ser feliz agora. Para tudo há uma solução, mas a vida passa e as oportunidades também.

O que quero dizer é que temos que viver todos os dias como se fosse o último. Aquele velho clichê. Sem arrependimentos e sem muitos sonhos futuros, e com mais perdão. Sonhe o seu hoje, faça planos para além, mas não viva somente deles. Aceite as mudanças como sinas de Deus para coisas ainda melhores. Os tombos da vida te fazem quem você realmente é.

love love love, Lu

Por você

Falta tempo para tanta vida, tantos sonhos, compromissos e "urgências". Sim, falta. Mas falta tempo para nós mesmos. Faltam pausas mais frequentes, reflexões, falta silêncio. Falta um momento só nosso, curtir a própria companhia. Como falta.

Recebi um convite para conhecer um hotel em uma das minhas cidades preferidas. Só isso já seria motivo suficiente para muita empolgação. Afinal, pouca coisa é tão boa quanto pegar um voo para um destino que amamos. Posso dizer?! Minha excitação vem do fato de ter algumas horas de silêncio e de um momento só meu. Tirei *day off*. Nesse momento, só penso em passear pelo hotel e conhecer cada detalhe, usar a academia e fazer o *work out* do dia ao som das minhas *playlists* favoritas. De tomar aquele banho incrível, pedir um *room service* e mergulhar no Netflix. Escrever, pensar, admirar.

Raros momentos que a gente aprende a valorizar. O que me faz pensar que a gente não precisa de um convite, pegar um avião ou conhecer um lugar novo. A nossa rota de fuga pode — e deve — ser a qualquer momento. Mesmo que por duas horas. Às vezes é preciso uma oportunidade como esta para enxergarmos o quanto precisamos disso. Deitar em uma cama e ligar a TV na Globo depois de uns três meses sem triscar no controle. Olhar pra si mesmo, respirar fundo e pensar (em voz alta faz bem): como eu **amo** a minha companhia. O mundo é de doação, multiplicação e generosidade, mas nunca somos capazes de dar o que nos falta. Então, por mais momentos de cuidados com nós mesmos, sejam físicos ou mentais, som alto, choro, suor, gritaria. Não para todo mundo ver e ouvir, para a gente sentir, transbordar. De dentro pra fora. A vida necessita de pausas. Só assim é possível recarregar.

Por mais soninhos embaixo da árvore da minha casa, edredom no domingo, cafezinhos solos para "ver o povo passar", corridas no parque, rezas no banho e som alto no escritório. Mais livros, viagens, sol, pé na areia, admirar o nada e, claro, *room service*. Vou ali receber o meu.

Paz. Encontre a sua.

love love love,
Lu

Desapego

Vou aproveitar esse sentimento fresco e prazeroso pra escrever sobre **desapego**. Por que é tão difícil, meu Deus?! Vira e mexe nos perguntamos. Difícil, pois não precisamos desapegar do que não gostamos e queremos fora da nossa vida. Isso a gente devolve, dá de graça e até agradece. Desapegar é complicado, porque essa palavra sempre está relacionada a algo que mexe com o coração de forma positiva, mas que no fundo, lá no fundo, é movido por sentimentos rasos de posse, egoísmo e vários outros menos nobres. Infelizmente, todos sentimos alguns deles em determinado momento. Somos humanos. Reconhecer isso é um processo, e trabalhá-lo pode ser ainda mais doloroso. Somos mal acostumados, vamos confessar.

Aqui, falo da roupa que a gente ama, do sapato que a gente "não vive sem", do trabalho, de amizades, de um paquera, de um relacionamento longo, de uma casa, de pessoas.

O apego nos faz cegos em vários momentos e também faz com que a gente se acomode a situações que achamos nos favorecer.

O que devemos questionar é: eu preciso disso? Isso faz com que eu seja 100% feliz ou me contente com momentos — poucos — de felicidade?! Às vezes, a resposta é "não", mas, mesmo assim, a gente se agarra ao sentimento e enfia o pé na lama. Consciente. Vai saber... O início da clareza depende exclusivamente de nós, mas quem disse que é fácil? Não me excluo. Sigo torcendo e trabalhando para mais momentos de lucidez e leveza. Apego não é amor, e pesa. E estamos sempre precisando perder uns quilinhos, não?! Seja no corpo, no armário ou na alma. Desapegue, e vamos fazer esse exercício juntos.

love love love, Lu

Embrace

Eu sou maluca igual a vocês. Mulher é tudo doida. A gente sempre precisa ou quer melhorar alguma coisa. Está no DNA. Mas exageramos. É um tal de "amiga, estou magra? Tá bonito?" que não cabe (me incluo nisso tudo, ok?), mas a real é que não precisa de tanto.

Semana passada assisti ao documentário *Embrace*, que trata do preconceito das mulheres com o próprio corpo e desmistifica os padrões de beleza. Sensacional. Mostra histórias reais de mulheres que chegaram a fazer absurdos para conseguir o "corpo ideal". O documentário traz dados impressionantes dos prejuízos que essa busca sem freio traz para a vida. Vale assistir! Mesmo. Não que ele sare a nossa loucura, mas faz a gente pensar e perceber que, de fato, mais do que um corpo sarado, o importante é ter um corpo **feliz** e saudável. A nossa casa, daqui até os fins dos dias. Aceitar o que não se pode mudar, ir em busca da nossa melhor versão, mas conscientes, respeitando o nosso tempo e corpo.

    Agora, vamos lá. Sim, eu malho muito. Sim, eu amo praticar atividade física, sinto falta, faço dieta e abro mão de coisas gostosas por vááriooos dias para alcançar alguns objetivos. **Equilíbrio**. Puta desafio, mas é possível. E está aí o barato pra mim: o desafio. Conseguir controlar a cabeça, melhorar movimentos, fazer coisas que nunca imaginei (alô, *crossfit*), acordar cedo no frio para malhar, ganhar condicionamento e consciência corporal. Desafios diários que eu me proponho. O nível de intensidade e frequência depende do momento que estou vivendo, mas ficar parada, **nunca**. Tenho certeza de que vou colher os frutos depois.

    O documentário, indicado pela cunhada, abriu a minha cabeça e me deixou ainda mais feliz com as escolhas que fiz recentemente. Há seis meses que não me peso na balança (só quando vou ao nutricionista), pois ela não diz muito sobre mim. Não sou mais refém das calorias. Minha atenção agora é voltada para outros componentes que afetam mais o meu corpo. E, por último, que o meu melhor termômetro é o espelho. Quando olho pra mim e gosto do vejo. Sim, neste corpo habita alguém extremamente feliz. Espero que você possa dizer o mesmo. E, caso contrário, vá já fazer as pazes com você. Amigas, podem continuar respondendo as minhas perguntas diárias e reafirmando que estou linda. Isso também faz bem.

love love love, Lu

A fé move montanhas

Ontem, ao vivo do Instagram, falei de religião. Algumas perguntas surgiram, e resolvi falar um pouco. Eu sou uma pessoa **muito** religiosa, de fé, praticante. Mas se me perguntam a minha religião, respondo: **Deus**. No final das contas, todos temos o mesmo **pai**. O que muda é a forma, o meio pelo qual escolhemos estar perto e nos comunicar com Ele. Se temos espíritos, santos ou entidades que intervêm por nós, é uma escolha nossa acreditar.

Religião não é imposição, obrigação e radicalismo. É aceitar que o amor de Deus é único e o mais sublime, mas cada um ama de um jeito e pode criar o próprio templo de adoração e somos responsáveis por criar o seu "canal" de comunicação. Seja na igreja, no terreiro, no mar, no travesseiro... Eu encontro Deus em todos os lugares e, muitas vezes, em locais inesperados onde eu fecho o olho e O sinto tão presente que nem em uma missa sentiria a mesma energia.

    Eu sou curiosa e, por sorte, tive pais que me apresentaram várias formas de chegar a Deus e me deixaram livre para escolher o caminho que mais me tocasse. Convivo em casa com quatro religiões diferentes e sempre deu certo, porque, quando se fala em Deus e da **vida**, as palavras **amor e respeito** são lei. Sou devota de Nossa Senhora, e não existe nada que me emocione mais do que a consagração dedicada a ela. Vou à missa, mas não me limito a "escutar" a palavra Dele de um só locutor. Muitas vezes a mensagem que preciso ouvir nem chega por meio de palavras.

    Se abra para encontrar o caminho mais iluminado para praticar a fé. Ela move montanhas.

love love love, Lu

A conta dos dez

Escrever é partilhar sentimentos, e aqui cabem todos os exercícios diários que pratico para me manter sã. Já ouviu falar na "conta dos dez"?! Pois é. Nunca fui da área de exatas, a minha sempre foi humanas, mas é impressionante como a vida sempre esbarra na matemática. Para administrar a cabeça e o coração, ela parece muito mais poética do que quando a utilizamos para gerenciar negócios e contas. Menos mal, mas, ainda sim, está sempre aqui.

A conta dos dez talvez seja a que eu mais amo fazer. Nem sempre é fácil, pois ela depende de momentos de sanidade, fé e positividade em meio ao caos, mas, uma vez que a fazemos, ela não falha. Experiência própria.

Lá atrás, em algum momento da minha vida (não tão distante), resolvi tentar enxergar mais o lado bom das coisas. Dentro desse propósito, a conta dos dez é a ferramenta perfeita pra isso.

Para cada coisa ruim ou angústia — por pior que seja —, respire e enumere dez motivos que você tem pra ser feliz ou que mereçam a sua gratidão. É isso mesmo que você leu. Na hora do perrengue, do coração estraçalhado, do sentimento ruim, é que a matemática deve acontecer. Cada coisa boa, por mais trivial e simples que pareça, vai te trazer alguma paz e conforto. Vai desembaçar a vista turva e mudar a energia. Vai por mim.

Comece pelo básico, porém grandioso: eu tenho vida, saúde, amor (familiares e amigos), cama, possibilidades, fé, fiz e/ou faço alguém mais feliz por algum motivo. Comece por esses e depois conte em voz alta pequenos prazeres, por mais bestas que sejam, mas que te tragam certo conforto. O final da soma é só um: o motivo do seu sofrimento vai perder um pouco de peso. Não perderá importância, mas te trará calma para enxergar o outro lado. E quer melhorar ainda mais a eficácia? Não espere algo ruim acontecer para somar as coisas boas que te cercam. Agradeça e as enumere ao deitar ou acordar. Em vez de contar carneirinhos, vamos contar as bênçãos.

Por um coração grato e uma vida cheia de cor. Vamos praticar.

love love love, Lu

Meu primeiro contato com a morte

Meu primeiro contato com a morte aconteceu na semana do meu aniversário de 15 anos. "Perdi" um dos homens mais excepcionais que conheci, meu avô. Era julho, férias do colégio e uma manhã linda de sexta-feira. Na trivialidade dos finais de semana, eu estava na piscina da casa dele, outros primos na TV e meu avô tinha acabado de sair de carro para comprar um remédio que deveria ser tomado antes da refeição na companhia do meu tio que morava em Goiânia e que, por força do acaso, estava passando alguns dias na cidade com a família. Alguns minutos depois, andando pelo terreno com o celular na orelha, falando com a minha coreógrafa, o meu mundo desabou em um puxão de braço. Meu irmão lançou a mão no meu celular e saiu correndo.

Eu poderia descrever esse dia e os momentos que se seguiram tim-tim por tim-tim. Lembro o que senti e vivi como se fosse ontem. Em um acidente, **do nada**, "levaram" o meu avô. "Mataram", "tiraram" ele de mim. Eu não aceitava. Procurava um culpado. Culpei e julguei. Doeu. Buscava explicação no que não existia. Chorei por muito tempo. Não soube lidar. Demorei muito tempo para perdoar o motorista da van sem freio que acertou o carro deles naquele dia. Ele estava errado, mas não cabia a mim julgá-lo. Entendi que o acidente foi o "meio" para um acontecimento que já era certo. Ninguém morre de véspera.

A verdade é que nunca estamos preparados para lidar com a morte. Nos despedir "pra sempre" de quem amamos ou de quem fez parte da nossa vida jamais será tarefa fácil. Demorou anos para esse "fim" se tornar menos avassalador. Independente de crenças e religião, acredito que todos viemos com uma missão terrena e, quando ela se cumpre, *next step* (mesmo sem ter ideia de que passo é esse). A fé e o meu coração fazem-me acreditar que tudo acontece na hora certa e, quando chega "a hora", não tem jeito, seja em um simples fechar de olhos ou na situação mais dolorosa, vai acontecer. Minha forma de enxergar me diz que o meio tem muito mais a ver com quem fica do que com quem vai. O "meio", quase sempre, traz o exercício do perdão, da paciência, da união, da superação. Desafios. Somos desafiados diariamente, e a morte nada mais é do que o mais difícil deles.

Mas que a morte não nos cegue nem nos impeça de viver a vida que temos aqui. Saber que ela tem hora pra chegar faz cada momento ser mais valioso. Não desperdice isso.

Respeite o luto, o tempo e a dor, mas, como em todo novo desafio, depois de digerido, tenha sabedora de transformá-lo em evolução. Depois do meu avô, já perdi tios, amigos e pessoas queridas. Nenhuma delas doeu menos, mas hoje a dor já não me corrói por muito tempo. Seja luz!

love love love, Lu

Para tudo na vida

precisamos querer

Bê-á-bá da autoestima

Recebo com muita frequência mensagens com a seguinte pergunta: "O que você faz para ter/manter a sua autoestima?". A resposta é sempre extensa, mas vocês não fazem ideia de como eu gostaria de falar mais. Até que, um dia desses, parei para pensar e vi que ainda não tinha escrito nada sobre esse tema. Logo **sobre** autoestima, tão presente na minha rotina! Quer dizer, nas nossas. Ou, pelo menos, deveria ser. Manter a autoestima em dia – esse sentimento flutuante e doido – é um trabalho diário e, talvez, o mais importante de todos. Já citei alguma vez que é impossível amar aquilo que não se admira. Acredito que, se não nos amarmos, fica difícil querer que alguém nos ame. Somos o reflexo daquilo que enxergamos e carregamos dentro de nós.

Sinto que, a cada questionamento, a leitora espera que eu dê uma receita de bolo ou um passo a passo, que na verdade é pessoal. A sua autoestima ou a falta dela tem muito a ver com a realidade de cada um, que não é a mesma que a minha. Fica difícil opinar sem conhecimento. Mas existem, sim, alguns "segredinhos" e "truques" que servem a todos e que gostaria de compartilhar.

A autoestima, na maioria das vezes, está atrelada à beleza, mas o erro começa aí. Autoestima está ligada com autoconhecimento. Para você gostar de alguém, você não precisa conhecê-lo? Então. Mas, acredite, muita gente não se conhece. O exemplo mais básico de "preciso resgatar a minha autoestima" é em término de relacionamento. Muito provavelmente, a pessoa se preocupou mais em conhecer e satisfazer o outro e acabou se esquecendo dela própria. Esqueceu o que gosta e como gosta. Esqueceu os seus sonhos, do que é capaz, as suas qualidades e os seus desejos, porque só olhou para o outro (aqui cabe o exemplo de mamães com os seus filhos). Não! Olha um pouco pra você. Nem que seja por 10 minutos na frente do espelho ou lendo um livro. Não é pecado dedicar um tempo às próprias vontades e se cuidar. Você não vai amar menos o seu namorado/marido ou ser uma mãe pior por isso. É ok. Uma hora o relacionamento termina (ou não), o filho sai de casa... E aí? Como amar uma pessoa que você nem conhece mais? Então, ponto um: dedique um tempo a você.

Depois de nos conhecermos e reconhecermos nossas qualidades e limitações e respeitarmos cada uma delas, precisamos melhorar o que se pode mudar e tirar proveito daquilo que não se pode. Tornar mais leve o que julgamos como "defeito" e não nos vitimizar diante daquilo. Não seja cruel com você mesmo. Ria de si e trate-se como você trataria o seu melhor amigo. Que você critica, aponta o erro, mas ajuda a levantar e reerguer. Com amor. Entende que até aqui não entra nenhuma segunda pessoa?

A autoestima é uma construção diária que caminha com as nossas mudanças internas e externas. Ter uma autoestima em dia não é mérito só seu, mas também do meio que você frequenta. Daquilo e de quem você escolheu se cercar. E a gente escolhe. Saibam disso. Cerque-se de pessoas que te colocam pra cima. Que sejam sinceras e verdadeiras, mas que valorizem o seu melhor. Que façam críticas construtivas, mas não te depreciem. E, claro, bom senso básico: se você não gosta de malhar ou não está no seu melhor momento, evite andar com *"mahamudras"*, né? Se, recentemente, teve uma decepção profissional, não escolha encontrar os amigos "bem-sucedidos" da turma. Ou (clássico) acabou de terminar um relacionamento e vai ajudar a amiga a comprar presente para o namorado. Não vai abandonar os amigos e a família, mas procurar a sua turma, respeitando seu momento. Faça escolhas inteligentes.

Feito tudo isso — está ok até aqui? —, olhe para o outro com mais empatia e generosidade. Muitas vezes, o medo que você tem do que os outros pensam de você é o que você anda vendo. Seu receio é que eles julguem da mesma forma que você julga. É sempre fácil? Não! A gente julga? Sim! Para ser uma pessoa melhor é preciso trabalhar dia após dia. Policiar o que vê e como vê, pois tudo reflete em você.

Dê menos importância ao que não tem importância. Não dê a ninguém o poder de abalar a sua própria percepção de si. Afinal, você vem trabalhado duro para estar aqui (com a autoestima boa). O que a pessoa sabe da sua história? E, por último, entenda: o que realmente importa é você e a sua consciência de que deu o seu melhor e trabalha em busca disso todos os dias. Seja no lado estético, emocional, profissional ou intelectual. A beleza é subjetiva e está nos olhos de quem vê.

Quando a *"bad"* bater, afinal, todos temos altos e baixos, não se esqueça de que você é a pessoa mais importante do seu mundo. Sem você, nada mais existe, e isso já te faz especial.

Fica aqui a minha sugestão:

Você se conhece? Faça uma listinha do que gosta... gênero musical, cor, viagem dos sonhos, filmes, sua roupa mais bonita, o que fez de mais legal por você nos últimos dias, qual seu tipo de leitura. Qual foi a última vez que fez algum programinha para você? Uma massagem, quem sabe? Aprenda a gostar da sua companhia.

love love love, Lu

Mantras

Não faz muito tempo, me peguei pensando em como algumas frases são verdadeiros mantras na minha vida. Elas estão presentes em conselhos que dou e se repetem em muitas das minhas conversas. Inúmeras vezes elas ditam a postura que tomo e em outras colocam-me no eixo. Sabe quando nos vemos paralisados por alguma coisa, começamos a repetir nossos "mantras" e, a partir daí, tudo volta a fazer sentido? Pois é. Carrego cada uma delas com carinho.

Meus amigos e familiares mais próximos vão reconhecê-las. Certamente já as mencionei diversas vezes. Foi em um diálogo que me veio a vontade de compartilhá-las aqui. "Lu, repete pra mim. Isso faz sentido. Quero anotar no caderninho", disse uma amiga. Anota aí, então:

"Você nunca perde por dar o seu melhor. O outro – ou alguma coisa – é que não está pronto para receber" (pensamento meu). – Essa frase me ajuda a passar por algumas decepções. Se eu dei o meu melhor para algo ou alguém e as coisas não saíram como o esperado, repito isso.

"Se não puder contar como fez, não faça" (Immanuel Kant, paráfrase) – A frase diz tudo por si só. Um questionamento simples.

"Eu prefiro me privar do que quero a me sujeitar ao que não mereço" (frase minha) – Sobre amor-próprio, valorização de tudo o que sou e construí. Difícil aplicar em muitos casos, mas é poderosíssima. Aplicá-la em minha vida só me trouxe benefícios.

"Nunca dou um passo para trás. Sempre avante ou para o lado. Não volto algumas casas, só mudo a direção" (frase minha) – Não existe "não deu certo", existe aprendizado. Não existe perda, existe bagagem. Mudar a rota do GPS não é fracasso. Buscar um novo caminho é renascimento e reconstrução.

"Estar perto não é físico" (autoria desconhecida) – Tatuei essa frase aos 17 anos em homenagem ao meu avô. A primeira pessoa mais próxima que perdi. Ela me diz muito sobre como lidar com a saudade e o desapego. Não precisamos estar perto fisicamente, possuir e tocar algo para pertencer.

"Nessa vida eu só estou em dois lugares: sendo feliz ou buscando alguma forma de ser feliz" (frase minha) – Sabe aqueles momentos em que estamos perdidos? Essa frase vem com uma chacoalhada. Se não estou feliz, o que estou fazendo para que o cenário mude? Mão na massa. A nossa felicidade depende somente de nós.

Ninguém disse que viver seria fácil, mas se cada um de nós buscar conhecer-se e munir-se de ferramentas para vencer – e aproveitar – os dias, tudo pode ser mais leve e prazeroso. Essas são as minhas. Já parou para pensar nas suas?

love love love, Lu

Antes só do que mal acompanhada

Todos os dias, casos de agressão são registrados e todo mundo certamente já cruzou com alguém que viveu ou sentiu na pele um relacionamento abusivo. Falta de respeito, então, nem se fala. Mas como nos livrar e proteger disso se o diagnóstico de "sai dessa que é roubada" não vem estampado na cara da pessoa?! **Foque no fator comum de todas as suas relações: você.**

Vamos do início.

Desde os primórdios da História, o ciclo de vida da mulher se resumia em nascer, costurar, aprender a cuidar da casa, casar, ter filhos, viver pela família e morrer. O sucesso da vida daquelas pobres coitadas era casar. Para ser aceita e bem-vista na sociedade era preciso ter um casamento bem-sucedido. Única ocupação. Ou seja, era isso ou a mazela de uma vida desquitada.

Imaginem quantas agressões e abusos eram sofridos em tempos de opressão feminina para manter-se ali, "feliz" e aceita.

Os tempos mudaram, as mulheres ganharam espaço, ocupação, novos sonhos, objetivos, desejos, independência, e o sinônimo de felicidade e sucesso passou a não se resumir a um casamento bem-sucedido, dois filhos e um cachorro. Longe disso. Vai muito além. Só que muitas de nós ainda fomos criadas com pensamentos arcaicos. A mudança de cultura e *mindset* leva tempo, e somos resultado do nosso meio. Não tem jeito. É difícil discutir e bater de frente com a realidade e o costume de cada um. Mas vocês entendem que agora temos muitas opções? Ser aceita pela sociedade, feliz e bem-sucedida não está ligado ao status social de casada, viúva ou solteira.

É fato que não escolhemos por quem nos apaixonamos, mas podemos escolher a forma como desejamos viver e ser tratadas. Se, antes de qualquer coisa, nos apaixonarmos por nós mesmas, será muito mais simples fazer essa escolha. Uma vez que nos conhecemos, sabemos o que gostamos, o que não gostamos e do que necessitamos para ser felizes, dizer "não" ao que desvia desse caminho é fácil. Quando respeitamos os nossos limites o resultado é só um: felicidade.

Em todo relacionamento, e não só no conjugal, é preciso fazer algumas concessões, mas isso não pode e não deve ser sinônimo de anulação. Uma vez que conhece a sua essência e a própria intimidade (muita gente não conhece, acredite!), você passa a conhecer os seus limites. Sabemos com o que é e com o que não é possível conviver. Afinal, nem tudo é um mar de rosas, mas não precisamos ultrapassar os limites que nos levam a ser pessoas que não somos e tomar atitudes que não fazem parte do nosso ser.

Não deixe que alguém dite as regras da sua vida e de como deve se sentir. Não ache normal sentir medo da pessoa que divide a vida com você. Escolha o que quer sentir e como. E se o outro não for capaz de dar, não faz mal. Como mencionei no texto anterior, antes se privar do que quer a se sujeitar ao que não merece. Você nunca estará sozinha, porque, como disse Martha Medeiros em uma de suas crônicas, "humilhante não é a solidão, a renúncia à própria integridade é que é".

love love love, Lu

"Para ser grande, sê inteiro"

Não vivemos a vida analisando tudo. Graças a Deus. Mas há uma enorme importância em fazê-lo vez ou outra, principalmente quando se trata de nós mesmos. Os dias passam e a gente atravessa, erra, aprende e evolui, mas já parou para analisar o seu "eu" de dois anos atrás e a forma como a sua versão anterior viveu, errou e aprendeu?! Outro dia me surpreendi com a autoanálise. Quando eu digo "versão", é porque acredito em uma vida em movimento que a cada nova etapa exige uma reinvenção de si. Assim, vejo-me um ser humano que se transforma um pouco em cada capítulo da minha história.

Mês passado, conversando com uma amiga, ela comentou sobre a brutalidade com que mudei. Raramente a mudança é drástica. E nesse caso foi. Nas palavras dela, eu era uma Luísa meiga, mais estampada (roupas), menininha no jeito de ser, que amava fazer compras e passear no shopping. Adorava ficar torrando no sol, não se importava com lugares cheios e quase nunca dizia "não". Enquanto ela me descrevia, ou melhor, descrevia a outra Luísa, eu a visualizei. Era eu.

Hoje, a meiguice, a chuva de estampa e o jeito menininha de ser cederam espaço para uma pessoa prática (mas ainda com doçura), básica, sem rodeios e mais mulher. O dinheiro e o tempo gastos no shopping ou no sol foram redistribuídos entre trabalho, contas e experiências que, na minha escala de prioridades, atualmente me preenchem mais. Os lugares cheios nunca me pareceram tão vazios, e dizer "não" não é mais algo que pesa, mas é fundamental para deixar o restante fluir. A Luísa de dois anos atrás era uma versão minha para os outros, e a de hoje é para mim mesma. Vou explicar.

Antes eu não me priorizava. Procurava agradar e atender à expectativa dos outros enquanto minhas vontades eram silenciadas. Não foi preciso um grande evento na minha vida para que eu me desse conta do que estava acontecendo. Simplesmente acordei um dia e pontuei tudo o que eu desejava e me impedia de chegar aonde pretendia. Parei de me comparar aos outros e entendi de alma e coração que a pessoa mais importante da minha vida sou eu, aí foi quando eu resolvi me preencher. Enquanto eu tiver a mim como melhor companhia, fonte de amor, de saúde e felicidade, terei confiança e coragem para desfrutar de todo o resto com a certeza de que, independente do que acontecer, estarei plena.

Não existe essa conversa de "estar finalizado". Estamos a um segundo de uma ligação que pode mudar as nossas vidas, uma proposta inesperada ou um novo amor que trará novos elementos para a nossa identidade. Mas, hoje, tenho segurança sobre quem eu sou. Ou melhor, para quem eu sou. Enquanto, aos meus olhos, eu for a melhor versão que eu puder, eu aceito, entrego e confio. Dias ruins virão, mas a paz de espírito que dá saber quem se é coloca um brilho no olhar.

"Para ser grande, sê inteiro: nada teu exagera ou exclui.
Sê todo em cada coisa. Põe quanto és
No mínimo que fazes.
Assim em cada lago a lua toda
Brilha, porque alta vive"
Fernando Pessoa.

O que não é inteiro não pode transbordar.

love love love, Lu

Chega de promessas

Toda vez que falo para alguma de minhas amigas ou familiares que fiz uma promessa, eles riem. Por anos eu achei que, se me privasse de algo que eu gostasse muito, ali na frente seria recompensada. Não vou entrar em méritos religiosos, pois o significado da palavra ganha diferentes interpretações, mas vou falar das promessas que já fiz.

Semana passada, durante um banho, desejei muito uma coisa e pensei: "Se eu alcançar tal coisa eu vou ficar X meses sem comer chocolate". Eu ri. Ri porque, assim como os meus familiares, eu sabia que não cumpriria. Poucas vezes na vida eu fiquei firme em uma promessa até o final. No fundo, eu sempre soube que não seria sacrifício algum que me traria tal graça, mas sim o meu esforço para alcançá-la ou simplesmente a vontade d'Ele. A gente não precisa ficar sem farofa e sem chocolate para passar na prova. Não precisamos cortar o pão da rotina e correr todo dia 20 minutos para ser aceitos na entrevista de emprego. E, muito menos, ficar um ano sem TV ou doar 50 cestas básicas para que um ente querido saia ileso de uma doença. Deus não está contabilizando o número de dias que você ficou sem batatinha para trazer o *boy* de volta. Acredite.

Promessas não substituem o nosso esforço e não são capazes de mudar destinos, já a energia que você joga no que deseja, ah, isso sim! Prefira se mexer e trabalhar a sua fé do que sabotar-se. Troque as promessas por comprometimento e dê o seu melhor. O que tiver que ser, há de vir.

Hoje a palavra me remete a algo que não se cumpriu. Ganhou outra conotação no meu dicionário. Portanto, amigos, a partir de hoje eu só dou a minha palavra, e tenham certeza de que essa vale mais do que mil promessas.

love love love, Lu

Me teletransporta

Mudar de cidade me trouxe um novo desejo: o de me teletransportar. Se, antes, eu almejava um poder de mutação Ômega, de ter o controle sobre a mente humana, hoje um poder de nível Delta já seria mais do que suficiente (fãs de Marvel vão compreender essa linguagem aqui). Me teletransportar para lugares que eu conseguisse visualizar. É pedir muito?! Diferente do que você pode pensar, o pedido não está atrelado à vontade de conhecer o mundo inteiro em um piscar de olhos (mas também seria bom, confesso), mas à vontade de estar presente, instantaneamente, em alguns momentos específicos.

Quando fiz a mudança, já previa uns breves apertos no coração ao ver os *stories* das amigas reunidas na festa, a família no almoço de domingo ou entre uma fofoca e outra em que eu gostaria de estar, mas não aconteceu. Todos esses momentos em que, supostamente, eu sofreria por não fazer parte foram responsáveis por largos sorrisos e pensamentos do tipo "todo mundo tá feliz, inclusive eu, vivendo o resultado das escolhas que me trouxeram até aqui".

Os apertos no coração e as angústias me fizeram visita nos momentos em que eu gostaria de estar presente não para dividir a alegria, mas para apaziguar a dor. Quando o desejo era de dar um abraço, estender a mão, entregar a atenção e os ouvidos, dar colo e dizer "vai ficar tudo bem". Se fazer presente nessas horas é um desafio. Por mais que existam tecnologia, palavras de consolo e a certeza do amor, faz diferença estar "ali". Queremos estar ali. No meio desse turbilhão, nos cobramos, choramos e imaginamos vários "e se". Tudo bem, faz parte. Só não podemos nos perder nessa roda-gigante de emoções, pois, se já não estamos "presentes", viver uma angústia de longe não vai ajudar.

Que as nossas cobranças sejam mais brandas e que não nos culpemos por seguir o rumo da nossa vida se ele, por um acaso, nos levar a lugares um pouco distantes. Sei que a vontade súbita de me teletransportar vai me fazer muita visita, mas pode vir. Junto com ela, vêm a certeza do amor que carrego pelas pessoas que fazem parte da minha vida e uma ótima oportunidade para mandar um bilhete e avisar: ei, eu estou sempre aqui.

love love love, Lu

Fique nu

Não tem música que a gente escuta e dá vontade de ficar pelado em casa, dançando e curtindo a melodia com o volume no máximo? Não?! Jura?! Então aqui vai uma dica: fique nu!

Com filho, sem filho, morando em casa com muita gente ou só. Se tire pra dançar. Uma música, vai. De preferência, em frente a um espelho. Enquanto se balança — você não precisa necessariamente saber dançar —, olhe bem no fundo dos seus olhos. Se encare até bater aquela sensação estranha de estar olhando, de fato, para outra pessoa que não você. Prazer, você!

A cena parece engraçada, e é. Em certo momento, depois de reparar em uma pinta nova, em como a mão é um membro estranhamente interessante ou que você precisa se render ao *botox*, vai rir de si mesmo. A gargalhada interna vai surgir bem no instante em que decidir encarnar a rainha Beyoncé ou o artista e dançarino

Channing Tatum em *Magic Mike*. A partir daí, já se passaram duas músicas e você já ri sem motivo. É quase impossível não sorrir para essa pessoa que não dava as caras há tempos, mas que é sempre bom reencontrar.

    Se, por um acaso, você nunca fez nada parecido, sinto lhe informar que ainda não desfrutou da forma mais pura e simples da própria companhia. Fique nu. Olhe para si mesmo. Sem roupa, sem máscaras, sem pudor. Sinta-se! Como você vai aprender a gostar de uma pessoa que pouco vê?

    Não dizem que somente na intimidade certas coisas são reveladas? Permita que esses momentos aconteçam. Reconheça uma pessoa leve, que ama rir sem motivo, meio desengonçada, mas que também é capaz de se sentir *sexy*. Ficar nu não tem a ver somente com sacanagem.

    Sacanagem mesmo é ficar sem se encontrar.

love love love, Lu

A expectativa distorce

a nossa percepção da realidade

Me tornei a pessoa que eu mais temia

Se você foi um adolescente que não se revoltou com as uvas-passas ou os fios de ovos da ceia de Natal, você faz parte de uma parcela pequena da população. Qual a origem da implicância ou mesmo do surgimento de tal combinação, não me pergunte, mas essa luta era revivida a cada novo ano no mês de dezembro. O receio de engolir uma uva-passa no meio da refeição era o mesmo que sentíamos ao ser presenteados com um par de meias no amigo oculto da família. "Que presente desperdiçado", pensávamos. Mas hoje, amigos, o jogo virou. Enquanto escrevo, acabo de me lembrar que esqueci meu par de meias em casa no varal e vou ter que malhar sem elas. Mas, se eu tivesse um par a mais (que eu sempre esqueço de comprar), provavelmente tal feito não teria acontecido. Não sei em que momento da vida a meia ganhou um status importantíssimo, a ponto de fazer mais falta do que qualquer blusinha grifada. A verdade é que, hoje em dia, eu adoraria ser presenteada com aqueles pacotes de cinco pares de meias invisíveis, sabe? #ficaadica

Se aos 17 anos eu me juntava no comitê dos primos para inserir feijão ou estrogonofe na ceia e abolir os "intrusos" da festa, virei a casaca. Simplesmente aconteceu. Talvez porque não exista um motivo real para tal repúdio ou, como diz minha mãe, meu paladar se tornou mais sofisticado. E, se antes eu achava o menu da noite de Natal sem graça, agora me vejo ansiosa para combinar pernil com fios de ovos ou bacalhau com arroz de passas. Sem me esquecer, é claro, das meias, que já não encaro como um presente preguiçoso, muito pelo contrário. A pessoa que resolveu me presentear com o acessório está sendo, além de carinhosa, sensível. Lembrou de comprar uma lembrança pra mim e, muito provavelmente, sabe como a vida é corrida demais para desviar certos caminhos em busca de meias, mas que ficar sem elas pode ser ainda pior. Ou seja, não ganhei somente um par de meias. Com ele ganhei tempo, menos bolhas, mais conforto e compreensão. Nesse caso, não sei se com o passar dos anos eu me tornei a pessoa que mais temia ou se venho me tornando a pessoa que sempre desejei ser. Sem muita frescura, com um paladar apurado e com olhar mais sensível e afetivo ao que é simples e também grandioso!

Por mais ceias com passas, sem passas, com e sem fios de ovos, figo e, por que não, feijão e estrogonofe. Mais do que a tradição, o objetivo da data é festejar a união, o amor e a diversidade de paladar.

love love love,
Lu

Princesa da Disney

Voo do padeiro, 5h10 da manhã, aeroporto de Brasília. Após alguns minutos dedilhando o celular, me pego de pernas suspensas e apoiadas na mala de mão. Na cadeira, o bumbum estava no limite do assento e a coluna em uma envergadura de admirar. "Que mocinha, que princesa!", pensei. Ri sozinha. Na mesma hora, lembrei-me de amigas e familiares me chamarem de princesa... Fiona!

Isso mesmo. Mas, antes que você pense que fico ofendida ao ser comparada com a princesa ogra, adianto que não poderiam me atribuir melhor personagem. Na categoria princesas, nunca havia me identificado com a maioria. Aos sete anos, até tentei, mas foi fantasiada de Bela, em um baile de Carnaval, que passei um dissabor na infância. Larguei mão ali.

Talvez em outras vidas me chame Cecília e nasça com uma predisposição aos vestidos bufantes, à voz calma e baixa e às doses cavalares de romantismo. Ou talvez Beatriz, com um pouco mais de cerimônia, postura impecável e delicada. Mas, dessa vez, vim Luísa. Voz alta, rápida, prática, sem muita cerimônia, postura não muito invejável, apesar de alguns anos de balé clássico, e que trocaria todo e qualquer vestido bufante por uma boa calça de moletom e que acredita, de verdade, que nenhum sapatinho de cristal veste melhor do que os próprios pés descalços. Ah, e delicada como uma... ogra!

    Brincadeiras à parte, não é somente por isso que me identifico com a princesa, mas também com a capacidade que ela tem de carregar dentro de si a desconstrução da "princesa" sem perder a doçura que é própria de nós, mulheres. Em como ela é independente, dona do próprio destino e capaz de renunciar a seus privilégios em busca da felicidade. Ao mesmo tempo, é movida pelo amor e não acredita que isso a torne menos corajosa ou dependente. Pelo contrário, a deixa mais forte. Diferente da maioria das personagens, Fiona não tem ar melancólico, é bem-humorada e ri de si mesma. Uma versão contemporânea, realista e atualizada das princesas que, mais do que parecer intocáveis, querem ser felizes a qualquer custo.

love love love, Lu

Dance

Eu tinha quatro anos quando entrei no balé. Desde cedo a dança esteve presente na minha vida. Hoje, com 26 anos, estou longe de ser uma dançarina profissional. Tudo bem. A realidade é que o meu forte nunca foi a técnica, sempre foi a *vibe*. A frequência da atividade em alguns momentos da minha vida fez com que eu ganhasse segurança em algumas modalidades, mas o que a dança me trouxe ao longo dos anos foi mais que isso.

Fisicamente falando, a dança ajudou a tonificar as minhas pernas naturalmente grossas e fez com que eu conhecesse cada pedacinho do meu corpo. Dançar fez — e faz — com que eu me sentisse viva toda vez que uma música que eu adorava me fazia balançar. A dança me deu disciplina, encorajou-me a ser quem eu sou e me permitiu viver personagens. O balé me fez menina e melhorou a minha postura. No *jazz*, soltei a louca que habitava dentro de mim. O *ragga* e o *hip-hop*, além de me aproximar de outras culturas, me desafiaram em diferentes níveis. Dançando eu criei inúmeros laços, rompi barreiras, perdi medos e, mais do que isso, aprendi a me namorar. A dança me empodera e me eleva.

Ao longo da vida fiquei sem praticar por grandes períodos, mas, toda vez que retorno, lembro-me imediatamente da razão pela qual sou apaixonada por isso. Em Brasília, toda semana a aula de dança era a mais esperada e, quando soube que ia me mudar, um dos meus maiores receios era não achar algum lugar em que eu me "encontrasse". Que bobagem! Aconteceu, e logo cedo. Em um evento tive o prazer de fazer uma aula e conhecer uma mulher que, só de olhar, inspira. Uma angolana-carioca de respeito que, através da sua arte, ensina dança afro em São Paulo. Me apaixonei! Além de trabalhar o meu corpo todo, mexe com a mente e também com o intelectual. O meu contato ainda foi pouco, mas a cada aula, além dos movimentos, vem uma enxurrada de informação sobre um país muito rico culturalmente.

Sou imensamente grata a todos os professores que passaram pela minha vida e deixaram um pouquinho de si, assim como amigos e colegas que dividiram aulas e palcos. Quantos momentos bons! O meu depoimento, hoje, é um apelo: **dance**. Em casa, na rua, mentalmente. Atravesse os seus limites e *"dance like nobody's watching"*.

love love love,
Lu

A razão do love love love

Já faz mais de dois anos que assino todas as minhas publicações e cartões assim. Um dia, resolvi que deveria ter uma assinatura que me representasse. Uma marca. E o que mais me representa?! Amor. Pelo menos, eu tento.

Sou uma pessoa muito passional. Sei usar a razão quando preciso, mas, em tudo o que faço ou coloco a mão, além da minha dedicação, tem o meu amor. Gosto do que faz o meu coração bater mais forte. Quem não gosta?! No entanto, para ele pulsar assim, aprendi: tenho que fazer o coração do próximo pulsar da mesma forma, espalhando amor, com educação, gentileza, paciência e empatia. O resultado é um só: a gente recebe em dobro.

Esse discurso não é porque eu sou uma "fadinha" que sai espalhando amor e bom humor 24 horas por dia. Não! Eu tenho momentos ruins. Estou longe de ser perfeita. Tenho impaciência, irritação, e às vezes as coisas não saem como eu gostaria. Acontece. Isso é viver... Se não dei o meu melhor, não transmiti o que eu queria, me arrependo, **aprendo**, e bola pra frente. A gente precisa saber reconhecer, voltar atrás, pedir desculpas (nem sempre temos a chance. Aconteceu hoje. Não conhecia a pessoa) e, principalmente, perdoar-se. Olhar com amor o próximo e a nós mesmos. Não guardar sentimentos ruins. Tenho a vida exposta, e por isso exigem mil vezes mais de mim. São tantos pedidos de ajuda de divulgação, tantas causas para abraçar, tantos conselhos para dar... Infelizmente não consigo atender a todos. Mas, de uma coisa podem ter certeza, aos que de alguma forma eu consigo ajudar, sempre coloco **muito** amor.

Eu espero, do fundo do coração, que vocês possam sentir um pouco desse amor aí.

love love love, Lu

Chega de assédio

O assunto de hoje está na boca do povo. Sempre esteve, mas é preciso acontecer um episódio com alguém famoso para que o tema ganhe destaque nacional. Vai entender. Meu desabafo é sobre o abuso contra a mulher. O abuso que sofremos **diariamente**. Independente da proporção, o nível de importância e gravidade é o mesmo. Vou falar de mim, ok? Do abuso que sofro e me incomoda muito. Externar essas coisas chega a ser terapêutico, pois tenho certeza de que não sinto isso sozinha.

Quando você, mulher, anda na rua e escuta um "gatinha", "linda", "gostosa", o que você sente? Eu não sei vocês, mas eu sinto medo, repúdio e até vergonha. Isso pra mim não é elogio e, de forma alguma, vai fazer com que eu eleve a minha autoestima. Elogio para mim é quando um homem ou uma pessoa olha nos meus olhos e diz "você é linda" ou, dentro de algum contexto, me elogia de outra forma. Com sinceridade, com carinho, e não gratuitamente porque a pessoa "pensou alto". Guarde para você. Me sinto agredida. Não é só porque estou com roupa de academia, barriga de fora, transparência ou roupa justa que quero ouvir esse tipo de comentário.

Nós, mulheres, não ficamos falando alto ou gritando "gostoso" e "bonitão" a cada homem lindo que passa na nossa frente. Por mais alta que seja a autoestima desse rapaz, uma hora ele vai se incomodar, fato.

O que funciona na vida funciona nas redes sociais. **Pare.** Assim como uma crítica, para ser levada a sério, tem que ter fundamento, um elogio também. Quando me sinto assediada, faço questão de fazer cara feia, nem olhar, bloquear. É triste pensar que o número de agressores é **imenso**.

É preciso que a gente não se cale diante desses abusos e não perca nossa identidade e espontaneidade, seja na forma de nos vestir ou nos expressar.

Homens, aprendam a ser homens e tratar-nos como merecemos. Com carinho e **respeito**.

love love love, Lu

Dona Valderez

A vida é louca ou, melhor, perfeita. Acabei de pisar em casa e abri o computador para dividir o encontro que acabei de ter por pura sorte do destino. Dia 6 de abril, São Paulo. Estou fazendo a unha no salão, e uma senhora se aproxima para pedir informações sobre massagem. Quis apertá-la. Que saudade das minhas avós. Ela segurava um livro, um pacote de biscoito e um sorriso de orelha a orelha. Meu contato com ela começou com um elogio vindo de lá: "Que menina linda!! Como você chama?". Respondi: "Luísa. Muito obrigada!", e ela emendou: "É o nome da minha neta!". Impossível não sorrir para uma pessoa dessas. Pronto, começamos ali. Foram 40 minutos de conversa. Calculei o tempo porque, no exato momento em que ela entrou no salão, eu havia olhado as horas no telefone.

Em 40 minutos, tive o prazer de conhecer a Valderez Escobar. Nas palavras dela, uma vovó sapeca de forno, fogão e escritora. Em suas palavras, uma senhora esclarecedora. Oitenta e três anos com a lucidez de uma menina, ouvidos falhos, mas olhos atentos. Em dado momento da nossa conversa, em que falávamos de Brasília, ela parou e disse: "Hoje eu saí de casa, peguei o meu livro e disse que o daria para a primeira pessoa com quem simpatizasse. Essa pessoa foi você". Fiquei encantada. Quando ela me entregou o livro, falou que ele tinha um valor simbólico, um ato de caridade, por mais simples que fosse. Agarrei esse presente. Como não fazê-lo? Que privilégio.

Se não bastasse essa conversa deliciosa, ainda fui escolhida para receber esse presentão de uma senhora que há pouco não conhecia, mas que já tinha ganhado minha admiração. Tínhamos muito em comum. O livro que ela me deu é de sua autoria – quinta edição — e de **crônicas**, meu gênero favorito. Para ela, escrever também é terapia, tem uma fé inabalável e um jeito positivo de enxergar a vida. Não à toa, o seu último título é "Pra frente, Brasil!", pois, mesmo com o cenário desfavorável, em diversos aspectos, não podemos desanimar. Pra fechar, terminou dizendo que acorda todos os dias e pede somente uma coisa: que ela possa ser instrumento de Deus e tocar positivamente a vida de alguém.

Chorei de escorrer os olhos.

É, dona Valderez, missão cumprida hoje. Tocou e tocou fundo. Que encontro! Doida para ler as suas palavras e, em breve, passá-las para a frente. Desejo que a vida me permita inúmeros encontros deliciosos assim e me dê sensibilidade para reconhecê-los.

love love love, Lu

Batom Vermelho

Toda segunda-feira ele está comigo. Em todo resfriado, em dias "ruins" e em qualquer contratempo que a vida traz. Nos dias preguiçosos ele está, nos dias em que eu brigo com o espelho e tropeço na minha autoestima, também. Ele anda comigo, inclusive, nos dias mais bonitos e em momentos especiais. Se é pra comemorar, ah, ele está presente. Em todas as ocasiões, ele aparece com os seguintes objetivos: iluminar e colorir o meu dia, me animar, despertar o meu melhor e levantar o meu astral. Ou elevar isso tudo, se o fator já for positivo. Com ele o meu sorriso é mais branco, mais largo, e o mundo parece caber dentro de mim. Ele me deixa poderosa e também choca. Talvez por isso algumas pessoas o evitem, com medo de "aparecer demais", mas que bobagem. Se joga! Há boatos de que ele não se dá com todo mundo, "é para poucos", alguns dizem, mas não. Ele é pra todas!

Se você ainda não o conhece, devia conhecer e arriscar. Prometo que ele não falha. Mas, afinal, quem é **ele**? É o tal do batom vermelho.

Eu sou suspeita para falar, mas tem alguma coisa nele que mexeu comigo lá atrás. Agarrei isso e compartilhei, multipliquei. Acho fantástico os *directs* com vídeos, fotos e menções à minha pessoa de quem aderiu e, mais que isso, sentiu na pele o efeito. Fico extremamente feliz. Digo que o batom vermelho é uma arma certeira. Você pode estar de short jeans e blusinha que alguém vai dizer "hummm... de batom vermelho!!! Vai pra onde?", e eu espero que você responda: **vou viver.** Ledo engano se você achar que precisa de uma ocasião "especial" pra se pintar e colorir o dia.

love love love, Lu

Camaleoa

Meu cabelo e mudanças capilares sempre foram pauta entre as amigas por muitos anos. Sempre fui conhecida por ser *camaleoa*. Não dava nem quatro meses e eu já estava lá, "inventando moda". Pelo que eu me lembre, toda essa inquietação começou com 19 anos, na Austrália. Mais precisamente no banheiro da casa de uma amiga de infância, em Bondi Beach, onde passei duas semanas. A intenção era marcar o momento, então tivemos a brilhante ideia de cortar a franja com tesourinha de unha. Pronto. Começou. Dali em diante, passei por uma sucessão de mudanças capilares que acompanharam e marcaram diversos momentos da minha vida.

Durante todo o ensino médio tinha o cabelo gigantesco para uma menina de 1,57 m. Parecia o primo Itt. O cabelo chegava antes, sabe? Até que descobri a franja, depois a água oxigenada nas pontas, depois conheci o meu amigo cabeleireiro, Alex. Na sequência, tive o cabelo "batidinho" atrás, com as pontas longas, chanel, joãozinho, cabelo médio, loira, loira platinada, e por aí vai. Sete anos de "inquietude". Quer dizer, de descobertas.

As mudanças no meu cabelo me fizeram descobrir diferentes versões minhas. Brinquei com o meu estilo e com a minha imaginação. Inspirei pessoas e choquei outras. Foi divertidíssimo. Aproveitei cada fase. Meu cabelo é uma das formas de me expressar, e tenho certeza que é a sua também. O seu diz muito mais sobre você do que imagina.

Virei o ano pensando e questionando os meus planos capilares. Pasmem, sem grandes mudanças. Mas isso não é uma coisa ruim. Sinto que encontrei, dentre as minhas mil versões, uma que atende exatamente a fase que estou vivendo. Onde meter a tesoura ou radicalizar para dar aquela balançada na vida já não é prioridade.

A vida já está agitada o suficiente. O tempo que antes dedicava para arrumar o cabelo, já não tenho. O trabalho e outros planos ocupam a maior parte dele. Para o ano que vem aí, o cabelo vai ser assim: iluminado nas pontas para iluminar a vida. Tamanho médio. Do jeitinho que está. Um cabelo independente, que não precisa de tinta, data marcada no salão ou uma escova para funcionar. Fios que, quando o vento bate, despenteiam, dando aquela sensação de liberdade e "deixa levar". Será que diz muito sobre a fase que eu estou vivendo? Caso ainda não tenha descoberto a sua versão preferida, desapega, arrisca, descobre as mil possibilidades que habitam em você.

love love love, Lu

Trilha sonora

Sentada no avião, fones no ouvido e a cabeça tentando superar o final de semana regado a música e emoção.

Já falei que a minha vida tem trilha sonora, que para cada momento vivido escolho uma música para me lembrar. O mesmo acontece com pessoas. Para cada uma que passa pela minha vida deixando um pouquinho de si, escolho uma também.

É em shows ao vivo, vendo bandas que amo e embalam os meus dias, que sinto uma das emoções mais sublimes. Momentos meus. Só meus. Tão meus!

Para ser mais específica, vivi tais momentos nos shows do Two Door Cinema Club, The Chainsmokers, The Weekend, The XX e The Strokes. Desses, os dois últimos foram os mais especiais.

Notas, vozes e sons que arrepiavam e faziam com que eu sentisse cada pedacinho de mim. Sabe aquele momento em que a gente olha pro céu e só sabe ouvir e agradecer?! Pois é. No show do The Strokes, Deus ainda mandou uma chuva fininha, que foi a cereja do bolo. Que mané capa de chuva! Deixa chover, molhar, lavar. Foi especial do início ao fim.

Saga para ir de um palco pro outro, uma "canelite" mandando um "alô", corpo cansado, mas espírito renovado e grato por um final de semana especial demais. Obrigada a todos que fizeram parte desses últimos dias. Já quero mais, já quero a próxima. *"Music is what feelings sound like..."* **Sim**!

love love love, Lu

"Beto TripAdvisor"

Toda viagem é sempre assim: eu, uma cadeira de aeroporto e meu bloco de notas. Acesso os meus "rabiscos", tópicos, palavras soltas e me vem um filme delicioso na cabeça, de todas as histórias e pensamentos que desejo compartilhar. Isso acontece porque, na hora em que eu vivo ou racionalizo qualquer situação, quase sempre não consigo parar para escrever. Ah, se o meu cérebro digitasse...

Meu primeiro texto pós-Cancun é sobre o "Beto TripAdvisor". Estava tomando sol, livro na mão, rosto branco de protetor, descabelada e de pernas para o ar. Sim, para o ar. Desde pequena que insisto em sentar "errado" e jogar as pernas para onde deveria estar a cabeça. Fazer o quê?

Educadamente, minha leitura foi interrompida por um *"hola"* sorridente de um funcionário do Hard Rock, hotel em que me hospedei. Levantei-me, e começamos um rápido diálogo em que me perguntou o que eu estava achando da experiência de estar ali. Na sequência, me lembrei do rosto dele na piscina, logo após uma das aulas em que ele era o recreador. Estava participando de um jogo que envolvia acertar a bola dentro de uma boia. Todo animado, ele incentivava cada hóspede em sua tentativa.

Brevemente, agradeceu-me pelo *feedback* e pela atenção e me questionou se eu conhecia ou era usuária do TripAdvisor (site de pesquisa de destinos, passeios e estabelecimentos). Disse que sim, consultava com certa frequência, mas era pouco assídua. Ele finalizou o papo estendendo a mão com um cartão que dizia "Prazer, Beto!", e completou: "Se puder fazer um elogio a mim ou a qualquer um dos meus companheiros que você conheceu e lembra o nome, será maravilhoso para nós".

O Beto foi embora e eu o observei aproximar-se sorridente de outras pessoas. O turno dele já havia acabado, mas o seu trabalho, não. Realizar apenas a função de recreador talvez não o levasse aonde queria chegar. Ele sabia disso. Ele queria mais. Precisava ser lembrado, fazer-se notar. E conseguiu. É, Beto, que exemplo maravilhoso. Empenhe-se e dê o seu melhor, antes, durante e depois. Pense lá na frente. Gaste mais do que as horas predefinidas para qualquer atividade se a sua vontade é ir além. Obrigada por lembrar que o mundo está cheio de pessoas mais ou menos, que se dedicam mais ou menos, mas que, para ser foda, é preciso mais. Beto desejava um comentário no TripAdvisor, e aqui vai: jamais vou me esquecer de você.

love love love, Lu

Eu capilar

Na sua cabeça, talvez eu esteja atrasada para falar da minha versão capilar 2018. Mas a verdade é que a versão desse ano vem se transformando a cada mês, a cada dia, e acontecimentos de fatores internos e externos estão contribuindo para isso.

O cabelo de 2018 é mais leve e prático. Natural, livre de qualquer compromisso de salão marcado para "retocar a cor da juba". Ao mesmo tempo, os fios são mais longos, combinados com uma franja, que me fazem lidar com aspectos que necessitam de mais atenção para ganhar a forma desejada. Um cabelo prático, mas que me desafia todos os dias.

Como mencionei em um texto anterior, já vivi anos de intensa inquietude capilar que, coincidentemente, esbarravam em algumas mudanças internas de descoberta, afirmação, resgate, reencontro, e por aí vai. Quando paro para pensar, todos os cortes e cores diziam muito sobre o momento que eu estava vivendo. Hoje estou no momento "renascimento". Uma junção de tudo o que fui, a começar pela menininha do cabelão de dez anos atrás, que cresceu e está mais consciente, prática, leve, aberta e **feliz**. Desde janeiro que tenho sido colocada à prova na coragem, na insegurança, no novo, na cabeça aberta, no autoconhecimento... Novos cenários que fazem renascer todos os dias a menina, a moleca e a mulher que tenho batalhado pra ser. E posso dizer? É só o início. Curtindo muito esse momento, mas sem deixar de pensar no próximo passo — opa, próximo corte — e em tudo que virá na bagagem com ele. Qual é a sua relação com o seu cabelo? Já parou pra pensar?

love love love, Lu

A responsabilidade

da sua felicidade é exclusivamente sua!

O dia em que o nugget foi meu aliado

É impressionante como as pessoas julgam pela aparência. Não tem jeito. Talvez "julgar" seja uma palavra muito forte e tensa, mas que a gente atribui algumas características a pessoas já no primeiro contato visual, ah, a gente faz. Quem nunca, que atire a primeira pedra.

Não sei quais adjetivos já me foram dados, mas que a minha cara intimida, isso eu sei. Cansei de ouvir "você tem cara de metida", "achei que era fresca", "jurava que você falava pouco", "jamais imaginava que você gostava disso", e por aí vai. E olha que ouvi isso de pessoas que hoje em dia são muito próximas. Sorte a minha que viro esse jogo, e as mídias sociais instantâneas — alô, *stories*! — estão aí para ajudar. Não consigo dizer quão gratificante é quebrar essas barreiras criadas por "prejulgamentos" ou status ditos ou dados por alguém. E o contrário também funciona. Fico muito feliz quando os meus prejulgamentos são varridos e jogados fora.

Recentemente, voltei de uma viagem com um grupo em que conhecia pessoalmente apenas cinco pessoas. Sendo que, bem mesmo, somente duas delas. No grupo, várias me seguiam há algum tempo, outras só tinham ouvido falar. O saldo, felizmente, foi positivo, pois, após alguns dias em contato com a maioria delas em atividades, festas e refeições, pude, de fato, conhecê-las melhor. De todas as conexões, *feedbacks* e carinho que recebi, um foi inusitado.

É muito difícil eu me sentir um peixe fora d'água em alguma situação. Não sou aquela total cara de pau que sai falando com todo mundo, mas, se não conheço ninguém em algum ambiente, sou uma ótima ouvinte. Fico na minha, e se encontro uma boa oportunidade para me conectar, o faço. Sempre fui assim. Só não imaginei que o meu almoço de *nuggets* e batatas fritas e um desabafo feliz sobre o ocorrido fossem capazes disso.

No último dia, um dos professores do Fitness Week, evento no qual eu estava, se aproximou e disse que eu fui uma boa surpresa para ele e logo perguntei o porquê. Em suas palavras, eu parecia ser "na minha" (ou seja, fresca! Ele não disse isso, mas sei que pensou). E continuou: "Mas quando você parou do meu lado para prestar atenção na conversa e virou toda descabelada, de buço suado e disse que tinha acabado de almoçar *nuggets* com batata frita, *ketchup* e maionese, me ganhou".

Os minutos que se passaram foram de riso e espanto. "Como uma coisa tão simples teve um peso tão relevante para me aproximar dele?", pensei. Eu não sei em que pedestal ou protótipo de princesa ele tinha me colocado, mas eu desci dali. Ainda bem.

Não é só porque trabalho com a minha imagem que não como besteira e o fato de ser vaidosa não me tira o direito de suar o buço, ficar descabelada e deixar o esmalte descascado no pé. Nenhuma função, posição social, profissional ou status é capaz de fazer alguém ser tão diferente assim. Gisele Bündchen também já dormiu sem escovar os dentes, Barack Obama já deve ter caído de bêbado (certeza). Podemos viver em mundos completamente diferentes, mas todos temos algo em comum, algo que pode nos conectar. Histórias, experiências, escorregões, unha estragada, dia de preguiça ou *nuggets* com batata frita.

Por menos pedestais e mais aproximação. Todos somos reais. "Tamo junto."

love love love, Lu

O simples é grandioso

Muitas vezes não damos importância às coisas simples, aquelas normais no nosso dia a dia mas que no fundo são grandiosas. Passamos "batidos" e ignoramos pequenas coisas que são de extrema importância. Temos mania de ignorar o trivial.

Um desses exemplos é o de deitar na grama. Sim. Deitar na grama! Descalça, sentindo a terra nas mãos e a vida pulsando ali. Sem pressa, olhando para o céu, respirando e, principalmente, agradecendo. Há tempos não fazia isso. Agora é a hora em que você, aí do outro lado, imagina que o fato aconteceu após uma corrida no parque ou em uma viagem de férias durante a visita à praça que tanto desejava conhecer, mas não. Estava treinando com a minha vizinha nos fundos do prédio, em um condomínio antigo que carece de muitos cuidados, mas que ainda reserva alguns canteiros com uma graminha. "Meninas, não tem colchonete, vocês se importam de fazer na grama?!", perguntou a nossa *personal trainer*. Lá fomos nós, nos estiramos no chão para alguns exercícios abdominais. Quando tocamos a grama, foi como tocar em barra de ouro. O fato de deitar ali, olhar o céu azulado entre os prédios e aproveitar os minutos dessa conexão nos fez tão bem que nos causou um deslumbramento, como se tivéssemos feito aquilo pela primeira vez. Rimos juntas.

Como algo tão simples pôde significar tanto? Por que é cada vez mais raro apreciar esses pequenos prazeres? Na velocidade com que a vida passa, parar, respirar e se conectar a um momento não é somente importante, como também é um refúgio. O mundo está repleto de ligações efêmeras, com bombardeio de informações que enchem o nosso HD interno quando, na verdade, precisamos esvaziá-lo. A que ponto chegamos. Precisei de um acontecimento comum para lembrar-me que as coisas mais extraordinárias são simples e espontâneas. Espero que você possa perceber isso. Seja tomando um banho de chuva, ao sentir a primeira gota de água tocando o corpo após um dia produtivo de trabalho, colhendo fruta do pé, tomando aquele suco de caju da infância, retomando um velho hábito ou simplesmente comendo aquele bom e velho pão com ovo.

love love love, Lu

Amor de irmão

"Já quis te trucidar mil vezes, roubar o controle da TV, esconder os seus brinquedos e contar para o papai que os Ducks invadiram a cidade das Barbies e você acabou com a minha brincadeira. Desejei que você sumisse só para não ter que dividir o espaço deitada no banco de trás do carro. Comemorei a sua ausência pelo simples fato de ter o quarto só pra mim, mas senti saudade, com a mesma rapidez, por não ter com quem implicar. Te xinguei de todas as palavras só para que você não usasse um minuto a mais do meu tempo de internet discada gasto no mIRC. Já falei mal de você pra mamãe, mas sempre fui a primeira a te defender e proibir que outros falassem o mesmo. "Só eu posso!", sempre pensei. Te acompanhei em todas as fases, te bati, dei a mão, passei do ponto, voltei atrás, nos ofendemos, e tudo bem. Você despertou em mim os piores ataques de raiva e os maiores faniquitos de amor. Seja pelo último Bis roubado ou pelo pedaço de bolo que você guardou pensando em mim naquele aniversário."

Eu não sei em que momento da vida deixamos de ser protagonistas da história um do outro, mas foi como espectadora da vida do meu irmão que entendi o real significado desse sentimento de que tanto nos falavam desde o berço e que vai além da afinidade. Aquele amor que supera qualquer desentendimento, aquele amor que mesmo de longe se reconhece e se apoia. Aquele em que, na ausência de palavras, o entendimento ainda é real e, apesar de todas as diferenças, te faz proteger aquela pessoa em quem às vezes você gostaria de bater. Não importa o quão coadjuvante um é na vida do outro, pois foi assistindo meu irmão concretizar seus sonhos que descobri que eles são meus também. É um amor que traz alívio e paz mesmo com a ausência física, mas se for no grude entre tapas e beijos, é ainda melhor.

love love love, Lu

Amor pra mim é misto quente

1h07 da manhã. Eu na cama. Ele na *jacuzzi* com o amigo. 1h10 da manhã. Eu na cama de olhos cerrados, quase dormindo. Ele em pé ao meu lado, de roupão com cara de pidão ronronando: "Quero misto quente... Mas eu faço". Não, ele não faz. Ou melhor, ele faz, mas ele não quer misto quente. Ele quer o meu misto quente. É diferente. Bem diferente. "Tá bom. Eu desço", pensei.

Descendo as escadas, a sensação era a de "Não estou acreditando que saí da cama", mas, ao começar o preparo, com duas fatias de pão de fôrma integral e requeijão nas duas bandas, sendo bem cautelosa para não encharcar, o pensamento mudou. Enquanto colocava o recheio, que leva uma fatia e meia de queijo, três de presunto e mais uma e meia de queijo para finalizar, só pensava em como é bom ver o sorriso dele ao sentir o queijo derretido quando abocanha o "mimo". Enquanto passava manteiga para dourar no fogo, já ansiava pelo comentário "Você faz o melhor misto do mundo". E ali se fez. Não o misto, mas uma entrega genuína de amor. Voltei para a cama feliz.

Cada um tem uma forma particular de demonstrar e dar amor, mas acredito que os gestos mais lindos estão nos detalhes, nas miudezas do dia a dia. No preparar do banho, em abrir mão daquele último pedaço de comida, em ouvir uma *playlist* a contragosto só para ver o outro cantar, na risada diante da indecisão de uma TPM, no olhar fixo ao prestar atenção em uma história já contada 20 vezes só para não cortar, no entrelaço dos pés embaixo do edredom, na coçadinha nas costas, no silêncio na companhia um do outro só pelo prazer de estar ali, no dividir de sonhos, no "eu te amo", não o gritado para todo mundo ouvir, mas o sussurrado, ao pé do ouvido, antes de dormir.

É diante de tantas minidoses de amor que o coração se preenche. Que tenhamos a sensibilidade de percebê-los, porque amor não é o que dizem por aí, amor é misto quente.

love love love, Lu

Primeira vez

Toda primeira vez é emocionante. É impossível não ser tomado por um leve — ou forte — frio na barriga diante de algo novo. Chega a ser inebriante e até mesmo assustador. Lembro de muitos episódios marcantes. Do primeiro cinema sozinha, do primeiro dia de aula na escola nova, do primeiro beijo, da primeira vez, da primeira apresentação de dança, da primeira matéria de faculdade, do primeiro dia de trabalho, do primeiro "eu te amo", do primeiro contato com a saudade, da primeira viagem sozinha, do primeiro pulo de paraquedas, do primeiro pedido de namoro, do primeiro salário, do primeiro dia morando sozinha, do primeiro carro, do primeiro texto publicado.

Neste mês, vivi uma "primeira vez" muito desejada. Conheci a neve. Já havia visto e sentido de forma artificial, mas nunca vivido. Foi mágico. Com essa primeira vez, veio também o *snowboard*. Dele partiu subir uma montanha e, consequentemente, a primeira vez ao descê-la (com medo para vencer). Sentada no cume da montanha e olhando aquela imensidão branquinha, me dei conta da quantidade de primeiras vezes que vivi em uma única semana. A sensação de realização é de encher o peito, e o melhor é que nada termina ali. Lá do alto já imaginei e visualizei novos sonhos e me peguei imaginando como seria a próxima "primeira vez".

O bom das novas sensações e realizações é que não existe prazo para senti-las ou realizá-las. Sempre é tempo de viver algo novo, de reativar projetos, ajustar metas e sonhos que nos levarão a sentir a borboleta no estômago, típica da "primeira vez". Não é depois do *Réveillon* que o ano começa, e muito menos depois do Carnaval. A cada amanhecer a vida está recomeçando e te dando a possibilidade de viver mais uma primeira vez.

love love love,
Lu

Quando você for mãe

Quantas vezes sua mãe já profetizou o futuro? Não sei você, mas eu cresci ouvindo as frases "quando você for mãe, você vai ver", "espera chegar a sua vez", "um dia você vai estar no meu lugar" e "um dia você vai ter filho e vai me entender". O repertório é longo! Durante toda a infância e adolescência, somos obrigados a escutar as previsões sem, de fato, dar bola para nenhuma delas. Até que a idade maternal chega, passamos a ter amigas com filhos e sobrinhos e começamos a nos colocar no lugar das mamães, como já havia adiantado a nossa própria. Mas, de todas as afirmativas, uma, em especial, se fez presente na minha vida desde o momento em que ouvi pela primeira vez: "Quando você for mãe, todos os seus medos irão se potencializar". Diferente das outras, essa não passou batido. Eu absorvi a mensagem. Talvez pelo fato de que ela não tenha sido dita em um momento de desabafo materno após a birra de criança, e sim em uma conversa entre duas mulheres adultas — mãe e filha — sobre a importância de vencer os medos e de não projetá-los em seus filhos.

A conversa me sacudiu. Parei para alinhar os meus medos e tudo aquilo que gostaria de fazer antes de ser mãe, pois, uma vez que a cria já estivesse no mundo, talvez não quisesse mais fazer algo por excesso de cautela ou por medo potencializado. Se não tentei antes, não vai ser agora, com uma pessoa dependente de mim, que vou tentar, vamos combinar.

O fato é que os adultos têm medo. Muito mais medo do que qualquer criança e adolescente possa imaginar. A maturidade traz isso: novos medos e a potencialização daqueles não tinham sido trabalhados até o momento.

Fiz da previsão um mantra para me encorajar a vencer os meus. Outro dia me vi no alto de uma montanha de gelo, *snowboard* na mão e uma inclinação brutal para enfrentar e pensei: "Melhor me arriscar agora, porque quando eu for mãe é aí que eu não vou descer". Tem funcionado. Faço uso da frase em benefício próprio, a fim de que os medos não me paralisem nem me impeçam de tentar. Por fim, como minha mãe já falou repetidas vezes, "um dia você vai me agradecer". Sorte a minha que esse dia não demorou para chegar, e hoje te agradeço todos os dias.

love love love, Lu

Verdade sobre o amor

Ele já tinha marcado um compromisso. Ele não mora aqui. Ele está com uma viagem marcada. Ele acabou de terminar um namoro. Ele não é de mandar mensagem. Ele é o meu oposto. Ele quer ir com calma. Ele se sente deslocado para me acompanhar. Ele não vale nada.

O Amor desmarca o compromisso, pega um carro ou um avião, perde a viagem ou te leva junto com ele. O amor não precisa de tempo de respiro para escrever novas histórias, ele manda mensagem e ama o desafio da convivência. O Amor tem pressa, enlouquece e faz perder a noção de tempo e espaço. Na vida, todo mundo não "vale nada", até chegar o Amor e passar a valer. O

Amor é urgência e prioridade. E, se **amor** não for nada disso, o restante é apenas desculpa para resolver alguma certeza que não é você.

O Amor pode doer, mas logo você lembra que o melhor dele nasce e vive dentro de você.

love love love, Lu

Cartas

Pra lembrar pra sempre

Comecei recentemente um processo de *coaching*. Mais uma ferramenta de autoconhecimento que vai trazer muita luz para todas as áreas da minha vida, tenho certeza. Passei pelo primeiro encontro, e uma das atividades prescritas era de escrever uma carta que falasse sobre os momentos que mais marcaram a minha vida, fossem eles bons ou ruins. O único critério é que eles tivessem tido um grande impacto sobre a pessoa que sou hoje.

Coloquei a cabeça para se exercitar (até onde eu consegui) e vi que todos os meus momentos mais marcantes tinham algo em comum: tiraram-me da zona de conforto. Vou tentar resumir, sem muitos detalhes.

O primeiro grande acontecimento que marcou a minha vida foi quando, pequenininha, devia ter uns seis anos, me perdi da família em um shopping enorme no Rio de Janeiro. Não lembro quanto tempo durou o sumiço, mas de repente me vi sozinha em meio a muita gente. Segundos depois, fui levada por uma estranha para um lugar mais estranho ainda (era uma segurança do shopping que me levou para o balcão de informações). Eu só chorava. A sensação de insegurança, impotência e medo bateu forte na cabeça e no coração de criança. Não demorou muito para o meu pai ouvir o meu choro e sair correndo para me encontrar, desesperado. Minha mãe, sem estrutura nenhuma, chorou muito. Ali virou uma chave: eles são a minha vida, e eu a deles também.

Outro momento — e segundo — responsável por outro grande impacto foi quando mudei de cidade. Acho que tinha 11 anos quando me mudei de Brasília para Goiânia. O motivo era o trabalho dos meus pais, mas pense uma coisa que me deixou arrasada. Eu era novinha, tinha acabado de ter o meu primeiro namoradinho (mãos dadas e selinho, apenas!) e começava a criar uma vida social que duraria para a eternidade. Imagina. Como lidar com a **saudade** e a **distância**?! Aprendi ali. Toda vez que vinha visitar a família e amigos voltava para Goiânia com o coração apertado, era horrível. Mas aprendi que tudo era questão de tempo, que era possível eu me adaptar, ter ainda mais amigos, mais namoricos, novas experiências e que o mundo não acaba quando somos colocados em um novo cenário. Na verdade, começa um mundo totalmente novo com inúmeras possibilidades de sermos felizes. E eu fui. Muito. Voltar para Brasília três anos depois doeu igual. Mas novo cenário, novo recomeço, e eu feliz mais uma vez.

Minha família é muito acolhedora. Sempre foi. E o acolhimento não é só com familiares e conhecidos, mas com todos que precisam. Se temos a possibilidade de ajudar, ajudamos. Eu tinha 12 ou 13 anos quando fui com os meus pais visitar uma família que havia sido vítima de um incêndio. Eles tinham perdido a casa, todas as roupas e estavam em situação de miséria e dor por causa das queimaduras. Lembro-me de ver os pais e os filhos todos machucados, sofrendo e... sorrindo. Levamos roupas, comida, remédios e pomadas. Por ali ficamos um tempinho. Pouco entendia sobre a vida, mas, nesse dia, uma chave importantíssima virou: **gratidão**. Pela minha vida, minha saúde e por tanto que tenho. Quando pensamos em algum "problema" – sem desmerecer os nossos e dos outros, claro – sempre haverá alguém compartilhando da mesma dor, se não pior. Ver de perto realidades diferentes da nossa nos faz mais humanos em vários sentidos. Obrigada, Dad e Mama, por isso.

O quarto acontecimento enumerado no exercício talvez tenha sido o que mais me sacudiu. O que mais doeu. O que levei mais tempo para aceitar e entender. Meu primeiro contato com a morte. Até os meus 15 anos, nunca havia perdido ninguém próximo, mas foi na semana do meu aniversário que perdi uma das pessoas que mais admirava e amava na vida: meu avô. Foi há 11 anos, mas me lembro de tudo que senti. Lembro-me do cheiro dele, do corpo gordinho todo peludo, do abraço apertado, dos dias jogando buraco, das palhaçadas com a dentadura, do sorvete de abacaxi que **só** ele gostava e de tudo que era "ispicial", assim como ele. Com 81 anos, ele se foi sem aviso prévio. Tinha uma saúde de ferro. Saiu para comprar remédio e nunca mais voltou. Já é dolorido para adultos, mulher, filhos, pessoas espiritualizadas, imagina para uma adolescente. Foi ali que a **espiritualidade** entrou na minha vida e segue fortalecendo-se desde então.

Aos 19 anos fiz um intercâmbio para a Austrália. Era uma vontade que sempre tive e fiz acontecer. Na época, tinha acabado de começar a namorar e era muito apegada à minha família, mas uni toda a coragem que cabia em uma jovem estudante e fui. Pela primeira vez, estaria do outro lado do mundo, tudo sob minha responsabilidade, com o dinheiro contado e o coração na mão. Não trabalhava na época, e lembro de o meu pai dizer: "Por mês, você só vai ter isso para viver lá. Aprenda a controlar o seu dinheiro, administrar as suas vontades". E assim o fiz. Tive que me virar. Comia besteira mais barata para comprar roupa, deixava de sair alguns dias para fazer um passeio que eu queria muito, aprendi a fazer supermercado olhando para o valor das coisas, e por aí vai. Naquele ano aprendi a administrar e a dar valor a cada centavo. Além de parar com a **frescura** de "não como isso, não gosto disso". Estava ali, disposta a experimentar de tudo. Quebrei tantos preconceitos dentro da minha cabeça! Me adaptei. Aprendi a segurar o *reggae* da saudade, do ciúme e da distância na marra! E, posso dizer, foi **fantástico**.

Logo quando saí da faculdade eu queria conquistar o mundo. Peguei vários *jobs* ao mesmo tempo. A intenção era aumentar o *network* e me especializar na área que fazia o meu coração bater: mídias digitais. Poucas pessoas sabem quanto eu me dedicava, quanto corria atrás, quanto me esgotei e juntei dinheiro para abrir a minha primeira empresa. Com uma vontade imensa de aprender, de despertar um novo olhar nas mulheres e com o **meu** dinheiro junto com o da minha sócia, criamos a Lace It. Ali me senti capaz, joguei o medo de lado, acreditei no meu potencial de ir em busca dos meus sonhos e de novos desafios. Todo o processo foi cansativo, gratificante e engrandecedor. A gente segue aprendendo, mas, sem dúvida, esse passo foi um grande investimento que fiz em mim. Foram tantas chaves que viraram aqui... Confiança, autocontrole, jogo de cintura, paciência, zelo, tantas... E elas seguem me transformando a cada dia. Naquele momento eu vi que o medo é algo muito pequeno diante da vontade de realizar um sonho.

Sou uma pessoa que gosta de namorar. Desde os 13 anos venho engatando um namoro no outro. Sempre fui boa em me doar. Ser parceira, sabe? Não sou humilde quanto a isso. Vejo a vida compartilhada supercolorida e encantadora. Ou seja, até os meus 25 anos, o "normal" era estar acompanhada. Até que uma inquietação bateu. Sabe quando tem muito amor, mas o *timing* de algumas coisas passa a ser incompatível (acontece)? Que difícil lidar com escolhas! Mas, diante da que eu tomei, descobri um amor maior que todos: o amor-próprio. Terminei um relacionamento de longa data, maravilhoso, que só deixou boas lembranças, para começar um mais importante, comigo mesma. Tudo novo de novo. **Intenso**. Em todos os sentidos da palavra. Em alguns momentos a gente fica perdida, mas é importante para reencontrar-se e reinventar-se. E, sério, o que você ganha nesse processo ninguém pode tirar. Trabalhar em si, para si, cuidar-se e ouvir as próprias vontades também é essencial. Esse rompimento fez com que eu me conhecesse de todas as maneiras, 100% e funcionando sozinha. Porque, se for para ficar junto com alguém, tem que ser para transbordar.

São tantos momentos maravilhosos... Sorte que o meu HD mental é infinito. Por último, Coachella, show de uma das minhas bandas preferidas (Two Door Cinema Club), sóbria (ok?), com as amigas mais companheiras, dia lindo, céu azul e uma sensação que me fazia pular, arrepiar, cantar, agradecer, agradecer e agradecer. Já tive vários momentos de plenitude, mas nesse show, durante a música "Undercover Martyn", eu transcendi. Uma alegria genuína tomou conta de toda a minha alma. Eu juro. Arrepio só de lembrar. Era **liberdade** com **realização**. Algo só meu, que ninguém no mundo era capaz de roubar.

 Eu poderia citar a morte do meu tio, o dia em que descobri que ia ser tia e tantos outros momentos bons e ruins, mas não teria fim. Divido isso com vocês porque foi um resgate tão gostoso! Fez com que eu me enxergasse novamente. Te desafio a fazer o mesmo. Mal posso esperar pelos outros tantos acontecimentos que farão o meu mundo sacudir, me virar do avesso e girar a chave outra vez. Em busca da nossa melhor versão. Sempre.

love love love,
Lu

Seja

luz!

Estar perto não é físico

Só nesta semana já a chamei de chata diversas vezes. Nos últimos dias, quem esteve em nossa companhia nos descrevia como namorados em crise ou duas "velhas corocas". Justamente na época mais estranha da nossa amizade, após um pequeno quebra-pau, seguido de desculpas, resolvi escrever pra ela/pra vocês. Hoje vou falar de amizade, mas, neste caso, não tem como não direcionar a palavra a uma das minhas melhores amigas.

Para começar, amor de amigo não se disputa, não se compara. São diferentes graus de intensidade, convivência e preenchimento emocional. Amizade não se cobra. É respeito, é conquista e confiança. A vida me abençoou com amigas(os) maravilhosas(os). De longa data ou recentes, cada um(a) delas(es) sabe o papel importante que ocupam na minha vida. Faço questão de deixar claro a cada encontro. Como diz uma delas, "zeramos o jogo da vida nesse quesito".

Mas com ela é intenso. Uma sintonia que não sei explicar. Construímos uma conexão forte, nos amamos de verdade, por essência, e não pelo que uma oferece para a outra. Pelo que somos. Com todas as nossas maluquices e diferenças, que são **muitas**, não há filtro capaz de disfarçar. A gente se lê e se sabe. A convivência traz isso. Nossa amizade é cheia de cumplicidade, tolerância (ela me ensina muito sobre isso), perdão e energia que não cabem em dois corpos. Agora, alguns quilômetros de distância serão colocados como novos ingredientes nessa relação que sempre aconteceu "do lado", e o conflito dos últimos dias é consequência de como cada uma recebe e lida com isso.

Ela diz não se importar com mudanças, mas sei o quanto ela gosta de um ambiente seguro. Toda e qualquer novidade a incomoda porque ela pensa um pouco mais "como vai ser? E se?". Ela é sensível, apegada, e, vamos combinar, para quem fica é sempre pior. Construir uma rotina sem uma pessoa que sempre esteve presente é a parte mais difícil de qualquer relação. Seja com a família, um amigo ou namorado. Para quem vai é tudo novo. Não dá tempo de pensar.

Do lado de cá, eu amo mudanças. Além do mais, sou desapegada. Minha sensibilidade se mostra de uma forma mais sutil. Não penso. Simplesmente deixo a vida levar e prefiro lidar com consequências e soluções quando precisar, sabe como? Pronto, duas pessoinhas completamente distintas aí. Ou seja, a forma de demonstrar amor também é diferente, e esse é o maior barato da amizade. Reclamo que ela só tem me dado patada, mas é a forma que ela tem para dizer que me ama e vai sentir saudade, pois sabe que eu não tenho o **m e n o r** talento para lidar com demonstrações de carência. Mais uma vez, é amor.

Peço a Deus todos os dias lucidez para enxergar e interpretar o amor em todas as situações da minha vida. Que não faltem tolerância, paciência, compreensão, empatia e solidariedade, sentimentos que qualquer troca nos exige e se fazem fundamentais para preservar o que temos de mais precioso: o que cultivamos no coração de alguém. Porque isso distância nenhuma é capaz de arrancar.

Por fim, te amo muito! Você sabe que "estar perto não é físico", mas ainda assim vou morrer de saudade. Obrigada por tudo. "Eu tô aqui."

love love love, Lu

Resoluções

Me pego sentada na mesa de trabalho, olhando algumas fotos de amigos e momentos de um ano maravilhoso, intenso e feliz. Acabo de me tocar que, pela primeira vez, não escrevi **um** só cartão de Natal. Logo eu, que faço a maior questão. Sorte que ainda dá tempo.

O que aprendi no ano que passou?

Aprendi que a vida é só uma e que as relações e afinidades que construímos com amigos e familiares são o maior trunfo dela. Aprendi que, quanto mais a gente agradece, mais a gente recebe e que, se a gente doa um pouco de si, recebe o dobro de volta. Entendi este ano que apaixonada é o meu estado de espírito favorito e, independente de estar acompanhada, sigo apaixonada pela vida. Por último, e mais importante, começo a compreender que Deus escreve certo por linhas mais que certas.

No final das contas, somos privilegiados por acordar, ter saúde, ganhar um abraço, poder fazer diferente todo dia. Reconhecer isso diariamente mudou a minha vida, e espero que mude a sua também.

Todo fim de ano, meu coração transborda de felicidade ao reviver tudo o que esses últimos 365 dias trouxeram ou fizeram de mim. Sou muito grata por ser cercada de pessoas que me querem bem, por poder tocar positivamente a vida de pessoas e ter saúde para colocar em prática os meus projetos de vida. É tanto para falar que até me perco.

Obrigada, amigos, família, irmão e sócias, por me darem a mão e caminharem junto comigo. Aos seguidores e às pessoas supercarinhosas que me acompanham e me permitem essa troca deliciosa.

Espero que no próximo ano todos tenham coragem e possibilidade de viver e correr atrás dos seus sonhos. Arriscar mais. Se permitir mais. Que a gente possa encontrar o nosso propósito e viver por ele inteiramente.

Se faz sentir, faz sentido.

love love love, Lu

Pra Sofia ler

Era Dia das Mães de 2017. Eu lembro que o seu pai gritava o meu nome lá de cima, incansavelmente: "Lu, vem cá!", "Corre!", "Que demora, chega aqui rapidão". Eu, pós-banho, agoniada e atrasada, coloquei uma roupa qualquer. De cabelo molhado, subi correndo para o quarto dos meus pais. Sua mãe estava na cadeira, seu pai em pé, vovó sentada e vovô na frente da cama com uma roupinha de neném estendida na mão. Eu parei na porta, atônita. Olhei aquela cena e demorei alguns segundos para processar essa informação. Você estava a caminho. Caí no choro. A ficha não caía, mas fui tomada por uma emoção e uma felicidade que escorriam pelos olhos. Sua avó dizia para eu me acalmar, mas eu só conseguia pensar nesse amor multiplicado, que ganharia forma de gente. Um pedacinho do meu irmão fora dele.

Olhei para o seu papai e vi nos olhos dele um sonho virar realidade, junto com o medo e a insegurança diante da novidade. Mas tudo bem, "vai ser foda", nós dissemos.

No mesmo dia, coincidentemente, a missa que assisti foi na paróquia da Nossa Senhora da Guadalupe, padroeira das grávidas. Agradeci e chorei do início ao fim.

Foram nove meses acompanhando a barriga crescer. Assisti às dificuldades e delícias que sua mãe passou durante a espera. Imaginei o seu pezinho, seu cheiro, você iluminando a casa que só saberia viver para você. Te apelidei de Fifa por causa de uma amiga que é uma das pessoas com coração mais puro que conheço. Comprei presente, sapatinho, te imaginei em mil roupas. Te coloquei em minhas orações e desejei a sua chegada desde o momento em que soube de ti. Vi você emocionar pessoas sem nem mesmo estar aqui. Sendo ainda um feijãozinho, mudou tanta coisa em mim e na sua família que você nem imagina. Nunca te vi, sempre te amei! Agora estou aqui, sentada na cadeira de espera da maternidade, vivendo de ansiedade, sem dormir, ligada no 220v esperando para te ver. Esperei tanto pelo momento em que iria dizer: "Seja bem-vinda!" Você não faz ideia do lar de amorosidade em que vai ter a sorte de crescer. Que a vida seja leve, doce e maravilhosamente bela com você. Nosso milagre de Deus que vai operar tantos outros em nossas vidas.

love love love,
Lu

Aos meus pais

Cresci num berço de generosidade e doação. Onde a real riqueza sempre foi o amor e o compartilhar. Meu exemplo veio de berço, de uma família grande que dividia tudo. Quando mais nova, pouco sabia e não valorizava a importância disso. Sorte que o passar dos anos mudou o meu olhar pro mundo e passei a valorizar o que antes não era visto da forma como merecia. Tudo na vida é um processo que começa com exemplos diários. Com uma sementinha plantada no coração, que vai crescendo a cada novo ato de amor que testemunhamos ou fazemos.

Desde criança vejo meus pais ajudando famílias desabrigadas, queimadas e desamparadas. Eles nos faziam acompanhá-los e ver diferentes realidades de perto. Valorizar o nosso e aprender a dividir. Me recordo de inúmeras arrecadações que eles fizeram ao longo da vida para ajudar a quem precisa. Os amigos que sempre foram acolhidos como irmãos, as noites maldormidas em hospitais para fazer companhia para familiares ou até mesmo pessoas distantes. Sempre dando do nosso — inclusive a energia —, mesmo quando nem tínhamos de sobra. "Porque para tudo na vida se dá um jeito, menos pra morte", né, pai?

É isso. A vida é melhor se compartilhada. A alegria que a gente recebe em **doar**, seja um sorriso, companhia ou bens materiais, é incomparável. Vivemos na era do *share*, em que olhar para o lado é o segredo para crescer profissionalmente, emocionalmente e, sobretudo, como seres humanos. Estender a mão para o outro é de grande responsabilidade também, pois você pode ser o responsável por plantar boas sementes em alguém. Obrigada aos meus pais, meus maiores exemplos de **riqueza** e **generosidade**. Acordo todos os dias, cheia de falhas, mas consciente do real significado dessas palavras e do efeito que elas tiveram na minha vida.

love love love,
Lu

Meu presente em forma de carta

Amiga, hoje, além de todas as coisas maravilhosas que desejamos no dia do aniversário de pessoas que amamos, te desejo serenidade. Diante de tantas atrocidades presenciadas e percebidas ao redor do mundo e das mudanças de rota contra a nossa vontade, é disso que precisamos. Serenidade para aceitar aquilo que não se pode mudar, coragem para modificar aquilo que podemos e sabedoria para diferenciar cada uma dessas situações (aqui, tomei posse dos dizeres da oração que mais amo). Nem sempre os desvios de percurso da vida são como desejamos, mas o que a gente não sabe é que são eles que, possivelmente, nos levarão a lugares ainda mais incríveis. Falo que o nosso grande desafio, como seres humanos, é ser gratos, inclusive, nos momentos mais difíceis. É, antes de pedir, agradecer, mesmo quando nem tudo saiu como o planejado, quando dói. Agradeça pela oportunidade de **ter possibilidades**. Por haver novos começos, novos fins, novos planos, novas chances. São elas, as possibilidades, que tornam a vida interessante. Desfrute de cada delas. *Enjoy your ride.* Extraia de todo e qualquer desvio tudo o que há de bom, pois sempre há o lado bom.

    Não deixe que a não realização de algum sonho te tire o tesão de viver. Encontre novos sonhos! E não deixe que nenhuma desilusão te traga o medo de mergulhar fundo em uma nova aventura.

    Espero que no seu novo ciclo você ria muito e gargalhe alto para todo mundo ver. E que as pessoas que estiverem ao seu lado sejam merecedoras da sua felicidade que transborda. Por fim, desejo que ninguém no mundo seja capaz de apagar a sua luz.

    Você é especial.

love, Lu

#Sóvence

quempeleja